Francesco Petrarca

dargestellt von Florian Neumann

Rowohlt

rowohlts monographien begründet von Kurt Kusenberg
herausgegeben von Wolfgang Müller und Uwe Naumann

Redaktionsassistenz: Katrin Finkemeier
Umschlaggestaltung: Walter Hellmann
Vorderseite: Francesco Petrarca. Gemälde von Justus van Gent (Joos van Wassenhove), nach 1475. Aus dem Zyklus der «Uomini illustri» im Palazzo Ducale in Urbino (Archiv für Kunst und Geschichte, Berlin)
Rückseite: Zwei Sonette in der Handschrift Petrarcas aus den «Codice degli Abozzi», Cod. Vat. lat. 3196, fol. 3r (Nach: Francesco Petrarca: Codice degli Abozzi. Faksimileausg. Hg. von Manfred Porena. Rom 1941)
Frontispiz: Francesco Petrarca. Fresko von Benozzo Gozzoli. Montefalco, S. Francesco

Originalausgabe
Veröffentlicht im Rowohlt Taschenbuch Verlag,
Reinbek bei Hamburg, Juli 1998

Satz Times PostScript Linotype Library, QuarkXPress 3.32
Gesamtherstellung Clausen & Bosse, Leck
Printed in Germany
ISBN 3 499 50527 4

2. Auflage Januar 2005

Inhalt

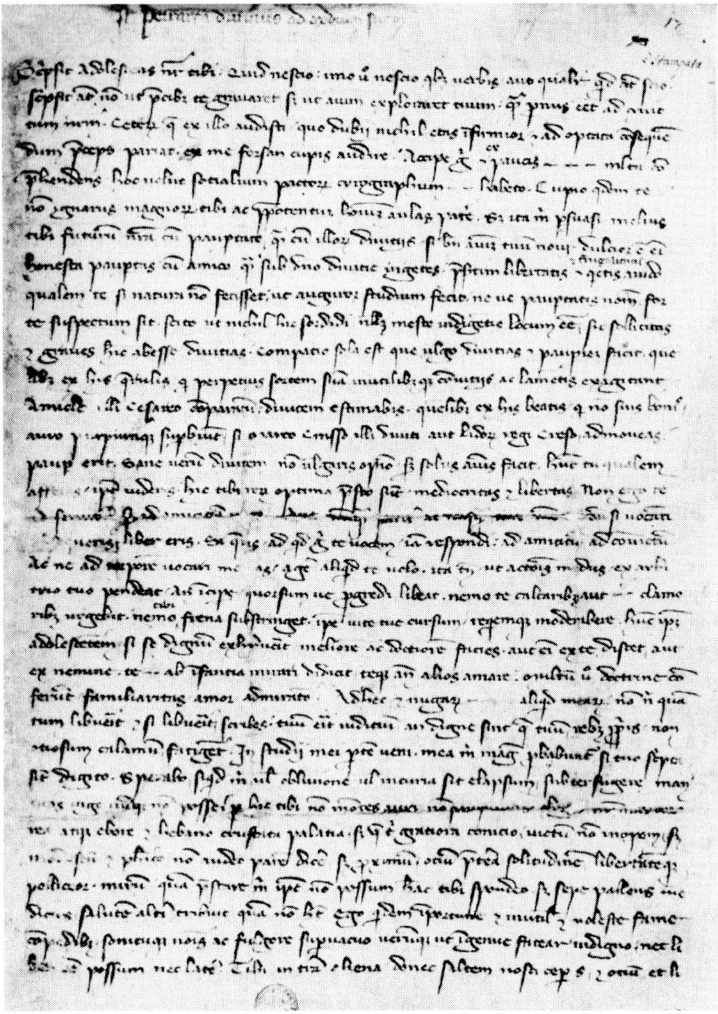

Einer von 545 erhaltenen Briefen Francesco Petrarcas:
Brief an Moggio Moggi, 1. und 28. Mai 1355, Mailand.
Florenz, Biblioteca Medicea Laurenziana, ms. Laur. Liii 35, c 17r

Einleitung

Vielleicht hörst Du einmal etwas über mich, obwohl ein so kleiner und dunkler Name durch die vielen Jahre und Länder kaum zu Dir gelangen mag. Und dann wünschst Du vielleicht zu wissen, was für ein Mensch ich war und wie es meinen Werken ergangen ist, besonders jenen, von denen ein Gerücht zu Dir drang oder deren armen Namen Du gehört hast. Die Menschen werden über mich verschieden urteilen, denn jeder spricht ja in der Regel so, wie es ihm die Lust, nicht die Wahrheit eingibt, und man hält weder im Lob noch im Tadel Maß.[1] Petrarca hatte gute Gründe, skeptisch in die Zukunft zu schauen, als er Mitte des 14. Jahrhunderts mit diesen Worten seinen *Brief an die Nachwelt* begann. Konnte er, der gesehen hatte, wie die lateinischen Klassiker durch die Jahrhunderte in Vergessenheit geraten waren, darauf hoffen, daß sein Name und sein Werk noch Hunderte von Jahren nach seinem Tod bekannt sein würden? Und was mochte wohl ein Mensch, der sechs Jahrhunderte nach seiner Zeit zu einem Buch greifen würde, auf dem sein Name stand, noch mit ihm verbinden? Würde er als lateinischer Historiker und Dichter bekannt sein? Würde man in ihm den Anwalt einer Rückbesinnung auf die Literatur der römischen Klassiker erkennen? Würde er als Vorkämpfer eines gepflegten lateinischen Stils geschätzt werden? Würde man ihn als Philosophen begreifen? Oder ihn «nur» als italienischen Liebeslyriker gelten lassen? – Und: Was mochte in diesen fernen Zeiten wohl über ihn geschrieben werden?

Ein «Brief aus der Nachwelt», wie Petrarca ihn selbst an verschiedene von ihm verehrte Autoren des Altertums geschrieben hat, könnte ihn beruhigen. Daß sein Name weder *klein* noch *dunkel* ist, könnte man ihm schreiben; daß er bei Philologen und Philosophen als «Vater des Humanismus»[2] bekannt ist; daß er zugleich als großartiger Lyriker geschätzt wird und daß Heerscharen von Lesern seiner Verse die Frage umtreibt, ob es seine geliebte Laura wirklich gegeben hat; daß ihn Alpinisten zu ihrem geistigen Stammvater erkoren haben, obwohl sich noch immer viele die Köpfe darüber heiß reden, ob er denn wirklich auf den Mont Ventoux gestiegen ist; daß in Italien vor Jahrzehnten eine Nationalausgabe seiner Werke begonnen wurde, die allerdings bislang erst wenige Bände aufweist, und ähnliches mehr.

Petrarca ist nicht vergessen. Und das Bild, das von ihm durch die Zeiten überliefert wurde, entspricht weitgehend dem, das er von sich selbst vermitteln wollte. Auch in dieser Hinsicht könnte man ihn beruhigen. Die Aussagen, die über sein Leben erhalten sind, stammen fast ausschließlich aus seiner eigenen Feder. Und sie sind von gewaltigem Umfang, denn Petrarca schrieb beinahe fortwährend über sich selbst. Sogar die kritischen Stimmen von Zeitgenossen über seine Person sind nur durch ihn überliefert. Deren Texte selbst sind nicht erhalten. Petrarca mochte die lästigen Schriftstücke wie eigene ihm unwichtig erscheinende *wohl tausend oder mehr verstreute Gedichte jeglicher Art und an Freunde gerichtete Briefe, dem Vulkan zum Korrigieren übergeben*[3] und durch den Schornstein gejagt haben. Oder er konnte sie in der großen Unordnung seiner Dichterwerkstatt[4] verloren haben. Seine erhaltenen Antworten auf die Kritiken jedenfalls sind in ihrem rhetorischen Zuschnitt nur weitere glänzende Bausteine zu dem Monument, das er sich mit seinen Schriften errichtete.

Es wäre gewiß langweilig, die Entwicklungsstufen einer Selbststilisierung zu verfolgen, doch Petrarca ging es eben nicht nur darum. Sicherlich verdankte er einen großen Teil seines Erfolgs der Erkenntnis, daß derjenige am erfolgreichsten fährt, der, um ein «Kultautor» zu werden, am besten gleich selbst den Part des Oberpriesters seines eigenen Kultes übernimmt. Aber hinter der «Maske»[5], die Petrarca sich bei seiner Selbststilisierung vorhielt, verbarg sich immer noch ein Mensch, ein ehrgeiziger zweifellos, aber einer, der ohne das Gepränge des bildungsgesättigten Gelehrten einer wie viele war: *Mein Körper*, schreibt er einmal ungeziert, *war in der Jugend nicht besonders kräftig, aber von großer Gewandtheit. Mein Aussehen nicht blendend schön, aber doch so, daß es in jungen Jahren Gefallen finden konnte: Meine Hautfarbe war frisch, zwischen weiß und braun, meine Augen lebhaft und lange von großer Sehkraft, die mich aber nach meinem sechzigsten Jahr verließ, so daß ich, wenn auch nur mit Unwillen, zur Brille greifen mußte. [Schließlich] hat sich das Alter in meinen sonst immer gesunden Körper eingeschlichen und ihn mit den üblichen Alterskrankheiten belagert.*[6]

Petrarcas Leben spielte sich nicht nur in den luftigen Höhen des

Francesco Petrarca. Fresko von Andrea del Castagno, nach 1450. Aus dem Zyklus der «Uomini illustri» in der Villa Carducci in Legnaia, heute Florenz, S. Apollonia

Intellekts ab. Vielmehr gewannen seine Werke ihre Kraft gerade aus dem Zusammenspiel seiner guten wie schlechten Erfahrungen im täglichen Leben und seiner Neigung zur Kontemplation. Er schrieb gelehrte Werke, aber immer mit dem Blick auf die Lebenspraxis. Und er schrieb, wenn er über sich schrieb, nicht für sich allein, sondern für seine Mitmenschen, um ihnen seine Erfahrungen und Erkenntnisse weiterzugeben, mochten es Zeitgenossen oder Nachgeborene sein. Er war ein Mensch des 14. Jahrhunderts, doch dadurch, daß er nicht nur über seine Zeit, sondern über allgemein Menschliches schrieb, ist sein Werk zeitlos. Auf diese Weise kann er auch in einer seit seinen Tagen größer gewordenen Welt ein Autor von Weltgeltung bleiben, der er immer sein wollte. Und er konnte seinen Platz als lateinischer und italienischer Autor neben den beiden anderen großen Italienern finden, neben Dante Alighieri und Giovanni Boccaccio.

Kindheit und Jugend

Arezzo, Incisa, Carpentras

So einhellig auch heute die Florentiner die drei großen Dichter ihrer Stadt, Dante Alighieri, Francesco Petrarca und Giovanni Boccaccio, in Ehren halten, zu Lebzeiten bereiteten dem glänzenden Dreigestirn der italienischen Literatur des späten Mittelalters ihre Florentiner Mitbürger nicht geringe Schwierigkeiten. Am besten erging es noch Giovanni Boccaccio. Die Entscheidung in den großen Parteienkämpfen in Florenz, die Dante Alighieri und Petrarcas Vater ins Exil getrieben hatten, war zu Beginn des 14. Jahrhunderts gefallen. Sie berührten Boccaccio nicht mehr wesentlich, und so hat er von den drei Dichtern die längste Zeit in Florenz zugebracht. Boccaccio war es auch, der in späteren Jahren im Auftrag der Florentiner Stadtoberen seinem Freund Francesco Petrarca die Versöhnung mit Florenz antrug. Doch Petrarca lehnte ab. Ihn, den Sohn eines Exilierten, verband mit Florenz nicht mehr als seine familiäre Abstammung, denn geboren wurde er am 20. Juli 1304 nicht in Florenz, sondern in Arezzo, wohin sein Vater verbannt worden war.

Die Vorfahren Petrarcas[7] waren Florentiner im weiteren Sinn des Wortes, denn sie stammten nicht aus der Stadt Florenz selbst, sondern aus Incisa, dem heutigen Incisa in Val d'Arno. Etwa zwanzig Kilometer oberhalb von Florenz am Arno gelegen, gehörte der Ort zum damaligen Florentiner Herrschaftsgebiet. Seit mindestens drei Generationen vor Francesco Petrarca war die Familie dort ansässig. Der Beruf, der von Generation zu Generation weitergegeben wurde, war der des Notars. Für die damalige Zeit nicht ungewöhnlich, führten die Vorfahren Petrarcas keinen offiziellen Familiennamen, sondern zeichneten in den von ihnen ausgestellten Dokumenten mit ihren Vornamen. So firmierte Petrarcas Urgroßvater als Ser Garzo, sein Großvater als Ser Parenzo, sein Großonkel als Ser

Migliore und sein Vater schließlich als Ser Petracco, Petraccolo oder Patracholo, Namensformen, die von Pietro (Peter) abgeleitet sind. Erst Francesco Petrarca selbst sollte sich für die ebenfalls umlaufende Form Petrarca entscheiden. Anstatt des Herkunftsverweises «Francesco di Ser Petrarca» führte er den Namen Petrarca gleichsam als Familiennamen.

Als Notare gehörten Petrarcas Vorfahren zu den angesehenen Personen ihrer Heimatstadt. Nicht nur, daß sie über Lese- und Schreibkenntnisse verfügten und – soweit es das Ausstellen von Urkunden verlangte – hinlängliche Lateinkenntnisse aufweisen konnten, aufgrund ihrer Vertrautheit mit rechtlichen Angelegenheiten und ihrer praxisorientierten Bildung holte man gerne bei ihnen Rat ein. Mit einigem Stolz schreibt denn auch Petrarca von seinem Urgroßvater, Ser Garzo, daß er auch ohne nennenswerte literarische Bildung *von einem so klaren Geist* gewesen sei, *daß ihn nicht nur die Nachbarn in Familienangelegenheiten, bei Geschäften, bei Verträgen, bei Eheschlüssen der Kinder um Rat fragten [...], sondern auch gebildete Leute in allerhöchsten Angelegenheiten und solchen, die der Philosophie zugehören, seinen Rat suchten. Und*, fügt er hinzu, *alle bewunderten in seinen Antworten sowohl die Ausgewogenheit des Urteils, als auch die Schärfe des Geistes.*[8] Auch in anderer Hinsicht war Ser Garzo nach den Worten des Urenkels eine außergewöhnliche Gestalt: Er starb im biblischen Alter von 106 Jahren, wie er es selbst vorausgesagt hatte an seinem Geburtstag und mit einem Bibelvers auf den Lippen.[9] Ob dem wirklich so war oder ob es sich um eine bewußte Stilisierung Petrarcas handelt, der das Porträt seines Urgroßvaters in eine Reihe von Lebensbeschreibungen berühmter Hochbetagter einrückt und in dessen Werk immer wieder derartig erstaunliche chronologische Koinzidenzen auffallen, entzieht sich der Überprüfung.

Wie Ser Garzo gingen auch Ser Parenzo und Ser Migliore, der Großvater und der Großonkel Petrarcas, dem Notarsberuf im weiteren Umkreis ihres Heimatortes nach. Ser Parenzo hat sich zunächst nach Arezzo orientiert, wo er in den sechziger Jahren eine Anstellung als Schreiber des Bischofs fand. Danach ist er erst wieder 1291 in Florenz auszumachen, wo er, wie sein Bruder Migliore, in einer Liste von Notaren der Stadt verzeichnet ist. In den neunziger Jahren begann in Florenz auch Petrarcas Vater, Ser Petracco, als Notar tätig zu werden. Er war vermutlich 1266 oder 1267 in Arezzo geboren und in Incisa oder Florenz aufgewachsen. Petracco hat es von allen Notaren in seiner Familie am weitesten gebracht. So ist er seit 1296 nicht nur offiziell als Notar verschiedenen Amtsträgern der

Civitas Florentiae. Ausschnitt aus dem Fresko «La Madonna della Misericordia» in der Loggia del Bigallo in Florenz mit der ältesten Stadtansicht, 1352

Stadt Florenz in Bauangelegenheiten und für die Getreideversorgung zugeteilt gewesen. Er war auch als Notar der städtischen Kanzlei tätig und hat schließlich zum Jahreswechsel 1300/01 insgesamt drei Monate lang dem höchsten Regierungsorgan von Florenz, der «Signoria» gedient. Im Rahmen dieser Tätigkeiten konnte es kaum ausbleiben, daß Petracco in die zahllosen Parteistreitigkeiten in Florenz verwickelt und in den Strudel der Ereignisse hineingezogen wurde, die am 20. Oktober 1302 zu seiner Verbannung führten. Sich aus den Konflikten herauszuhalten war schwer. Als in Florenz die Partei der «Schwarzen Guelfen» die Oberhand gewann, wurde Petracco nicht etwa wegen Zugehörigkeit zu der Gegenpartei der «Weißen Guelfen» ins Exil geschickt, sondern weil er als ihnen nahestehend angesehen wurde.

Petracco versuchte daher sein Glück als Notar in Arezzo, wo schon sein Vater tätig gewesen war. Er ließ sich dort häuslich nieder und gründete mit Eletta de' Canigiani, die er vermutlich in Florenz kennengelernt hatte, eine Familie. 1304 wurde ihnen ihr erster Sohn geboren, dem sie den Namen Francesco gaben.

Wie wichtig Francesco Petrarca mit seiner Neigung zur Suche nach Sinn und Bedeutung in den Ereignissen des menschlichen Lebens die Umstände seiner Geburt nahm, hat er immer wieder deutlich gemacht. Er betrachtete sich als unglücklich unter einem Unstern geboren[10] und sah seinem Leben von Anfang an den Stempel des Gefahrvollen und Unsteten aufgedrückt, und das auch aufgrund der näheren Geburtsumstände. *Ich wurde im Exil gezeugt und bin im Exil geboren worden, mit einer derartigen Anstrengung für meine Mutter und in so großer Gefahr für sie, daß sie nicht nur nach der Meinung der Hebammen, sondern auch nach dem Urteil der Ärzte lange für tot gehalten wurde. So begann ich schon vor der Geburt der Gefahr zuzuneigen und betrat die Schwelle zum Leben mit der Aussicht auf den Tod.*[11] An anderer Stelle weist Petrarca mit seinem Sinn für die Synchronie von Ereignissen, der in seinen Schriften immer wieder zutage tritt, bedeutungsschwer auf seine Geburt und den gleichzeitigen Kampf der Exilierten gegen Florenz hin. Sein Leben, signalisiert er damit, ist mit dem der besseren Florentiner aufs engste verbunden: *Ich kam am 20. Juli zur Zeit des Morgengrauens in der Stadt Arezzo im Stadtteil dell'Orto zur Welt. Es war ein erinnerungswürdiger und für ein öffentliches Ereignis berühmter Tag, denn genau an dem Tag und zu der Stunde, in der ich geboren wurde, noch bevor sich die Sonne über die Berge erhob, nahmen unsere Verbannten, die aus Bologna und Arezzo zusammengekommen waren, wohin sie sich geflüchtet hatten, vor den Toren der Heimat Aufstellung, in der Hoffnung, mit den Schwertern des Exils Rache nehmen zu können. Und auch wenn das Unternehmen keinen Erfolg hatte, verbreitete es doch in der ganzen Gegend so viel Schrecken, daß die Feinde die Erinnerung daran niemals verloren und der Gedanke daran noch heute frisch und ungetrübt ist.*[12]

Es war das für sie weit erfreulichere Ereignis dieses Tages, das die Bürger von Arezzo schon bald in frischer und ungetrübter Erinnerung zu bewahren suchten, indem sie sich bemühten, die Geburtsstätte nunmehr «ihres» berühmten Sohnes zu erhalten. Als Petrarca 1350 durch Arezzo kam, zeigte er sich nicht wenig überrascht, zu seinem Geburtshaus geführt zu werden und zudem zu erfahren, daß der neue Besitzer das bedeutende Haus aufgrund eines öffentlichen Verbotes nicht hatte umbauen dürfen. *So*, schreibt Petrarca darüber 1370 an einen Bekannten, *gesteht Arezzo einem Fremden mehr zu als Florenz seinen eigenen Bürgern.*[13]

In diesem Haus hat Petrarca nach eigenen Angaben allerdings nur die ersten sieben Monate seines Lebens verbracht. Während

Das Geburtshaus von Francesco Petrarca in Arezzo

sein Vater weiterhin dazu genötigt war, in Arezzo im Exil zu leben, kehrte Francesco mit seiner Mutter nach Incisa auf den Besitz der Familie seines Vaters zurück.

Für Francesco stellten sich die folgenden sieben Jahre seines Lebens später als fortwährendes Umherstreifen durch die Toskana dar. Nicht ohne schmerzliches Gefallen erinnert er sich Jahre später an die Mühen und Gefahren, die er in seiner Kindheit zu gewärtigen hatte, und besonders an eine Begebenheit, die die Welt fast um einen großen Dichter gebracht hätte: *Auf dem Arm eines kräftigen Jungen wurde ich durch die ganze Toskana getragen. Er trug mich [...] in Tücher eingewickelt und von einem knorrigen Stock herabhängend, damit keine Berührung meinen zarten Körper schädige. Als er einmal den Arno überquerte und aufgrund eines Fehltrittes des Pferdes stürzte, wäre er, als er die ihm anvertraute Fracht zu retten suchte, fast durch einen heftigen Strudel untergegangen.*[14] Und mit ihm vermutlich Francesco Petrarca.

In die Zeit der weitgehenden Trennung der Familie fallen die Geburten von zwei Brüdern Francescos. Der ältere der beiden starb noch im Kindesalter. Der vermutlich 1307 geborene Gherardo jedoch wurde zum wichtigsten Gefährten Francescos, dem er sein Leben lang herzlich zugetan war. Anders verhält es sich mit seinem Stiefbruder Giovanni, einem unehelichen Kind Petraccos aus der

Zeit des Exils in Arezzo. Petrarca hat ihn selbst nie erwähnt und stand mit ihm vermutlich auch nicht in Verbindung.[15]

Die Trennung der Familie fand erst 1310 ein Ende, als Ser Petracco mit seiner Familie nach Pisa übersiedelte, wo viele verbannte Florentiner lebten. Die Hoffnungen der Exil-Florentiner richteten sich zu dieser Zeit auf König Heinrich VII., der zur Kaiserkrönung nach Italien gezogen war. Sie bauten, wie der sprachgewaltigste unter ihnen, Dante Alighieri, auf die Unterstützung des Herrschers, um mit seinem Schutz bald wieder in ihre Heimatstadt zurückkehren zu können. Als Heinrich VII. jedoch in Norditalien in Kämpfe verwickelt wurde, zeichnete sich schon ab, daß die Hoffnungen der Exilierten vergeblich waren. Die erfolglose Belagerung von Florenz, die Heinrich auf dem Rückweg von seiner Kaiserkrönung in Rom im Herbst 1312 unternahm, und sein Tod kurz darauf enttäuschten die Erwartungen der Exilierten endgültig.

Ser Petracco hat sich schon sehr bald nach einem neuen Auskommen umgesehen und sich mit seiner Familie zunächst nach Genua begeben. Er entschied für seine Zukunft anders als sein und Ser Parenzos Freund Dante Alighieri. Francesco, der zu dieser Zeit, als etwa Siebenjähriger, Dante kennenlernte, schrieb in späteren Jah-

Dante Alighieri, Miniatur, Mitte des 15. Jahrhunderts. Florenz, Biblioteca Riccardiana, ms 1040 (Handschrift des «Canzoniere»)

ren über die Freundschaft, die seinen Großvater und seinen Vater mit Dante verband, an Giovanni Boccaccio: *Zu solchen Zeiten bilden sich häufig enge Freundschaften unter den Opfern derselben Drangsal, und dies galt vor allem für sie, da sie außer demselben Schicksal viele Ähnlichkeiten in ihren Studieninteressen und ihrer geistigen Anlage hatten – abgesehen vom Exil, in das sich mein Vater, der mit anderen Angelegenheiten befaßt und um seine Familie besorgt war, ergab, und dem sich jener [Dante] entgegenstellte und sich daraufhin umso heftiger auf das Begonnene [literarische Werk] verlegte, alles andere vernachlässigte und allein Ruhm erstrebte.*[16]

Genua war für Ser Petracco und seine Familie nur eine Zwischenstation. Im Spätherbst oder Winter des Jahres 1311 gelangte die Familie auf dem Seeweg nach Marseille. Das Ziel Ser Petraccos war Avignon, wo er als Notar tätig werden wollte. In der kleinen Stadt an der Rhône mit seinem Beruf ein gutes Auskommen zu finden, war recht aussichtsreich, denn im März des Jahres 1309 war von Papst Clemens V. die päpstliche Kurie dorthin verlegt worden. Zunächst nur als Provisorium gedacht, war damit der Anfang zum fast siebzigjährigen Aufenthalt von Papst und Kurie in Avignon gemacht. An diesem Exil sollte Petrarca in späteren Jahren heftig Kritik üben. Dabei war ihm wie seinen Zeitgenossen sehr wohl bekannt, daß die heftigen Auseinandersetzungen zwischen verschiedenen römischen Adelsfamilien wesentlich zu der Verlegung der Kurie beigetragen hatten und ihre Rückkehr immer wieder verzögerten.

Für Clemens V., einen Franzosen, hatten verschiedene Gründe für Avignon als Sitz der Kurie gesprochen. Unter anderem unterstand die Stadt den Anjou, die als Könige von Neapel und Sizilien päpstliche Vasallen waren, und bildete eine Enklave in der päpstlichen Grafschaft Venaissin. Die Kirchenleitung war damit dem direkten Einfluß des französischen Königs entzogen. Avignon selbst hatte allerdings wenig zu bieten. Die Stadt war klein, beengt, der Wohnraum war knapp, die Straßen waren bei Regen sumpfig, die hygienischen Verhältnisse katastrophal. Für die Aufnahme der Kurie, die schon selbst eine große Zahl von Personen aufwies und weitere in die Stadt zog, war Avignon also nicht besonders geeignet. Das mußten auch Ser Petracco und seine Familie feststellen, die wie viele andere Italiener eine Unterkunft in Avignon suchten. *Der Ort war zu dieser Zeit beengt, die Häuser unzureichend und von Bewohnern überquellend, so daß unsere Ältesten beschlossen, daß die Frauen mit den Kindern in einen nahegelegenen Ort übersiedeln soll-*

ten. […] Der Ort hieß Carpentras, zwar eine kleine Stadt, aber der Hauptort einer kleinen Provinz.[17] In Carpentras, das etwa zwanzig Kilometer nordöstlich von Avignon liegt und seinerzeit, wie Petrarca hier andeutet, der Hauptort der Grafschaft Venaissin war, hatte sich auf diese Weise eine kleine italienische Kolonie gebildet. Hier traf Petrarca auf zahlreiche Altersgenossen. Mit einem von ihnen, dem aus Genua stammenden Guido Sette, sollte ihn eine lebenslange Freundschaft verbinden. Petrarca schildert im Rückblick auf sein Leben in einem Brief an eben diesen Guido Sette die vier Jahre in Carpentras als die glücklichste Zeit seines Lebens: *Erinnerst Du Dich an diese vier Jahre? Wieviel Heiterkeit, wieviel Sicherheit, welcher Frieden im Haus und welche Freiheit draußen, welche Zeit der Muße in den Feldern und welche Stille! Ich glaube, auch Du empfindest so. Was mich betrifft, so bin ich natürlich dieser Zeit oder genauer noch: dem Schöpfer aller Zeiten dankbar, der mir einen so ruhigen Zeitraum zugestanden hat, daß ich, fern von jedem Trubel von Dingen, die reine Milch des kindlichen Lehrstoffes trinken konnte, die für die Schwäche meines Geistes nützlich war, damit er kräftiger und für festere Nahrung geeigneter würde.*[18]

Die reine Milch des kindlichen Lehrstoffes, das war die Grundausbildung in Lesen und Schreiben sowie in Grammatik, Rhetorik und Dialektik, die Ser Petracco seinen Söhnen zukommen ließ. Er hatte dafür als Lehrer Convenevole da Prato gewinnen können. Convenevole war wie Ser Petracco Notar, hat diesen Beruf aber wohl nur sporadisch ausgeübt. Wie Petrarca, sein bedeutendster Schüler, von ihm berichtet, hat er sechzig Jahre lang eine Schule unterhalten, aus der eine große Zahl angesehener Persönlichkeiten hervorgegangen ist.

In der Ausbildung bei Convenevole hat vor allem Petrarcas Vorliebe für Cicero ihre Wurzeln, denn durch ihn wurde er auf Wunsch seines Vaters schon frühzeitig an die Werke des großen römischen Redners, Politikers und Philosophen herangeführt. *Von der frühesten Kindheit an, während alle anderen mit Prosperus und Aesop beschäftigt waren, gab ich mich ganz und gar Cicero hin, sowohl aus natürlicher Neigung als auch auf Veranlassung meines Vaters.*[19] Petrarca war Convenevole dafür sein ganzes Leben lang dankbar, auch wenn er in späteren Jahren ein distanziertes Verhältnis zu ihm hatte. Grund für die spätere Entfremdung zwischen Schüler und Lehrer war, daß Convenevole sich von Petrarca zwei Bände mit Werken Ciceros ausgeliehen hatte, die er, ohne ihn davon in Kenntnis zu setzen, aufgrund von finanziellen Problemen zum Pfandleiher gegeben hatte.[20] Da er sie nicht wieder hatte einlösen können, waren sie für immer verlorengegangen. Petrarca schmerzte dies besonders, weil einer der beiden Bände die zwei Bücher von Ciceros Schrift «De gloria» enthielt, die schon damals äußerst selten waren und bis heute als verloren gelten.

Neben den Studien verblieb Francesco auch freie Zeit, an die er sich in einem Altersbrief an Guido Sette bei der Schilderung einer Szene erinnert, die wie keine andere in seinem Werk das Glück der behüteten und sorgenlosen Kindheit atmet: *Du weißt, daß in dieser Blüte des aufkeimenden Lebens, das wir auf dem Lager der Grammatikstudien und ebenso in Freuden verbracht haben, einmal mein Vater und dein Onkel, […] wie es ihre Gewohnheit war, nach Carpentras, der kleinen Stadt […] kamen, und wie Deinen Onkel, fast wie einen Neuankömmling in dieser Gegend und – wie ich glaube – aufgrund der Nähe und der Ungewöhnlichkeit der Sache, die Lust überkam, jene berühmte Quelle der Sorgue zu sehen. […] Kaum daß wir dies hörten, wurden wir, kleine Jungen, die wir waren, von dem Wunsch ergriffen, dorthin geführt zu werden. Und da es nicht ganz sicher erschien, wenn wir selbst ritten, wurden uns Diener zugeteilt, die die Pferde lenkten und uns im Rücken stützten. Nachdem endlich meine Mutter – jene beste aller Mütter, die ich je gesehen habe und die, wenn auch meine leibliche Mutter, so doch auch Dir eine Mutter war – von der Unternehmung überzeugt worden war, aber dennoch tausend Befürchtungen hatte und tausend Ermahnungen vorbrachte, sind wir mit dem Mann aufgebrochen, an den die Erinnerung allein eine Freude ist und dessen Namen und Nachnamen Du trägst und dessen Namen Du noch Bildung und Ruhm hinzugefügt hast. Als wir zur Quelle kamen – ich erinnere mich daran, als wäre es heute gewesen –, erfaßte mich die einzigartige Schönheit des Ortes, und ich sagte zu mir, neben den kindlichen Gedanken, die ich hatte: «Das ist ein Ort nach meinem Sinn, den ich, wenn es mir einmal möglich sein wird, den großen Städten vorziehen werde!» Dies, was ich damals still zu mir selbst sagte, machte ich wenig später, als ich ins Mannesalter kam und wenn mir die Welt die Zeit des Müßiggangs nicht streitig machte, mit klaren Zeichen deutlich. Hier brachte ich nämlich viele Jahre zu, wenn auch unterbrochen, weil mich Geschäfte wegriefen oder weil sich für mich Schwierigkeiten einstellten. Aber es war eine Zeit von solcher Ruhe und von solchem Zauber, durch die ich erkannte, was das menschliche Leben ist, eine Zeit, die für mich allein Leben bedeutete, während das sonstige Dasein eine Marter war.*[21]

Der Ort, den Petrarca hier schildert, ist Valchiusa, das heutige

Fontaine de Vaucluse, die Quelle der Sorgue

Fontaine de Vaucluse, wohin er sich in späteren Jahren oft zurückziehen sollte, um sich in Ruhe seinen literarischen Studien widmen zu können.

Als Petrarca seinen ersten Ausflug dorthin unternahm, waren die Tage der für ihn glücklichsten Zeit seines Lebens schon gezählt. Die Jahre der *Marter* sollten beginnen. Den Anfang bildete dabei das

Studium der Rechte, für das Ser Petracco seine beiden Söhne bestimmt hatte.

Petracco ließ sich dabei von praktischen Gedanken leiten. Das Studium der Rechte versprach berufliche und damit finanzielle Sicherheit. Zwar erkannte er die literarischen Neigungen seines Sohnes Francesco, hat sie auch, wie dieser bezeugt, in den Jugendjahren nachhaltig gefördert, doch sah er mit Francescos dreizehntem Lebensjahr die Zeit gekommen, ihn ein Brotstudium aufnehmen zu lassen. Das führte Petrarca, will man seinen Aussagen glauben, zu einem heftigen Konflikt mit seinem Vater. *All die Bücher*, schreibt er später darüber, *die ich von Cicero und einigen Dichtern zusammenbringen konnte und die als Hindernis für ein Studium angesehen wurden, das für eine Quelle lukrativer Einkünfte gehalten wurde, habe ich aus Furcht vor dem, was dann auch bald geschah, in einem Schlupfwinkel verborgen. Ich sah mit eigenen Augen, wie sie herausgezogen wurden, so als wenn sie wie häretische Bücher von den Flammen vernichtet werden sollten, wobei ich aufseufzte, als ob ich selbst in diese Flammen geworfen würde. Daraufhin hat mir mein Vater, wie ich mich gut erinnere, als er mich so schwermütig sah, zwei Bände, die schon beinahe angekohlt waren, aus dem Feuer gezogen und, während ich noch weinte, in der rechten Hand Vergil und in der linken die rhetorischen Werke Ciceros haltend lächelnd zu mir gesagt: «Nimm. Heb dir diesen auf, um dir bisweilen den Geist aufzufrischen und diesen anderen als Hilfe beim Studium der Rechte.»*[22]

Ob sich die Szene wirklich so abgespielt hat, wird nie zu klären sein. Die Geschehnisse erscheinen aber so, wie Petrarca sie darstellt, eher als unwahrscheinlich: Ser Petracco selbst war, wie Petrarca verschiedentlich erwähnt, ein großer Verehrer der klassischen Autoren, hat Manuskripte erworben und anfertigen lassen, die einen erheblichen Wert darstellten und die er schon deshalb wohl kaum ins Feuer geworfen hätte. Man wird in der Schilderung wohl eher eine literarische Zuspitzung, eine Emblematisierung des Konfliktes mit dem Vater durch den enttäuschten Sohn erkennen dürfen. Die Aussage jedenfalls ist nur allzu deutlich: Für Francesco hieß es, von der Jugend mit ihren Studienfreuden und von den klassischen Autoren Abschied nehmen, um sich ganz dem Studium der Jurisprudenz zu widmen.

Studium in Montpellier und Bologna

Als Studienort bestimmte Ser Petracco zunächst die südfranzösische Universitätsstadt Montpellier, wobei die Nähe zu Avignon wohl den Ausschlag gegeben hat.[23] Francesco absolvierte hier zusammen mit Guido Sette seine ersten vier Studienjahre, über die er nicht viele Worte verloren hat. Allein in einem Brief an Guido Sette erinnert er in sehnsuchtsvoller Rückschau an die Ruhe und den Frieden in der Stadt des Languedoc und an die große Zahl der Studenten und Lehrenden, die die Universität bevölkerten.[24]

Das einschneidendste Ereignis in diesen Jahren dürfte für Francesco der Tod seiner Mutter Eletta gewesen sein, der ihn zu der vermutlich ersten dichterischen Probe in lateinischer Sprache, zu dem *Breve panegyricum defuncte matri*, veranlaßte.[25] Gemäß der Zahl der Lebensjahre seiner Mutter wendet er sich in dem *Panegyricum* in achtunddreißig lateinischen Hexametern in Form eines Gebets an die Verstorbene, betrauert ihren Tod und lobt ihre Tugenden, die sie der ewigen Erinnerung würdig machen und ihm zugleich die Möglichkeit bieten, sich selbst, wie er schreibt, dichterisch der Erinnerung der Zeiten zu überantworten. So recht gelungen ist ihm letzteres mit dem *Panegyricum* nicht. Es ist in poetologischer Hinsicht eher als eine Stilübung anzusehen und heute weitgehend vergessen. Seine großen dichterischen Erfolge sollten erst noch kommen. Zunächst war Francesco noch vor allem mit dem Studium des Zivilrechts befaßt, das er ab 1320 in Bologna fortsetzte.

Die Universität Bologna war im späten Mittelalter die angesehenste für das Studium der Jurisprudenz. Sie war Ende des 12. Jahrhunderts als Zusammenschluß von Studierenden und Lehrenden aus verschiedenen Bologneser Rechtsschulen hervorgegangen und hat eine große Zahl bedeutender Rechtsgelehrter hervorgebracht. Ser Petracco hatte also gute Gründe, Francesco nach Bologna zu schicken, damit er dort seine Studien beende. Dieser Wunsch sollte jedoch nicht in Erfüllung gehen.

Die Gedanken, die Petrarca in der Rückschau auf sein Leben mit Bologna verband, haben recht wenig mit dem Studium zu tun. An Guido Sette, der Francesco – ebenso wie dessen Bruder Gherardo – nach Bologna begleitete, schreibt er: *In meinem Gedächtnis haftet die unzerstörbare und feste Erinnerung an jene Zeit, als ich dort als einer der Studenten lebte. Es brach schon die heißere Zeit des Lebens an, die Jugend hatte schon begonnen, und ich wagte mehr, als ich gedurft hätte oder als es gewöhnlicherweise erlaubt war. Ich ging mit*

Studenten in einer Vorlesung. Detail vom Grab des Giovanni da Legnano in Bologna. Basrelief von Pier Paolo dalle Masegne, zweite Hälfte des 14. Jahrhunderts

meinen Altersgenossen. An Feiertagen streiften wir so viel länger umher, daß es schon dunkel wurde, als wir noch auf den Feldern waren und wir tief in der Nacht zurückkehrten; die Stadttore aber waren noch geöffnet. Und wenn sie geschlossen waren, so gab es doch keine Stadtmauer. […] Auf diese Weise gab es statt eines Zugangs viele Zugänge, und jeder von uns konnte sich den geeignetsten aussuchen.[26]

Mit dem Studium stand es im Gegensatz zur Freizeit bei Francesco weniger günstig, doch das lag nicht nur an ihm. Nachdem er mit dem Beginn des Studienjahres Anfang Oktober 1320 das Studium in Bologna aufgenommen hatte, wurde schon im Frühjahr des folgenden Jahres der Universitätsbetrieb für fast ein Jahr aufgehoben. Grund dafür war der Streit zwischen der Universität und der Stadt Bologna. Die versuchte Vergewaltigung einer jungen Bologneserin durch einen Studenten und die nach einem Kurzprozeß vollzogene Hinrichtung des Täters hatte die Wellen in der Stadt hochschlagen lassen. Es war zu einem Auszug der Studenten aus Bologna gekommen – ein seinerzeit gebräuchliches Mittel, um die Stadt, die zu nicht geringen Teilen von der Universität lebte, unter Druck zu setzen. Erst 1322 konnte der Universitätsbetrieb wiederaufgenommen werden.

Francesco Petrarca nutzte die Zeit für eine Reise über Rimini nach Venedig und anschließend über Pisa und Genua nach Avignon. Von dort kehrte er erst im Herbst 1322 nach Bologna zurück, um mit dem neuen Studienjahr sein Studium fortzusetzen. Auch in den folgenden Jahren ist Petrarca mehrmals kurzzeitig nach Avignon gereist, und das nicht nur während der Ferien im Sommer. Überhaupt hielt sich sein Studieneifer in Grenzen. *Ich habe*, erklärt er später, *im ganzen Studium nachgelassen, kaum daß der Druck von seiten meiner Eltern nachgelassen hat. Nicht, weil mir die Autorität der Gesetze nicht gefallen hätte, die ohne Zweifel groß ist und die voll von römischem Altertum sind, woran ich Gefallen finde, sondern weil sie in ihrer Anwendung von der Leichtfertigkeit der Menschen verdorben worden sind.*[27] Was ihn störte, war besonders die pervertierte Kunst der Anwälte seiner Zeit, über die er an anderer Stelle den Stab bricht: *Was für eine käufliche Ware haben sie aus dem Recht gemacht! Bei ihnen sind Zunge, Hand, Geist, Seele, Würde, Ansehen, Zeit, Treue, Freundschaft, schließlich alles käuflich und das nicht einmal zu einem gerechten Preis. Wie unvergleichbar sind die Zeiten und die Sitten! Unsere Vorfahren rüsteten die Gerechtigkeit mit heiligen Gesetzen, diese Männer dagegen prostituieren die unbewaffnete und entkleidete Justitia. Bei jenen stand die Wahrheit hoch im Kurs, bei diesen nimmt den Platz die Täuschung ein. Jene gaben den Menschen sichere und genaue Antworten, diese fangen mit Arglist und Betrügereien Streitigkeiten an. Und mit dem gerichtlichen Kampfwerkzeug, das sie sich herangezogen haben, um die Gegner zu vernichten, wünschen sie unsterblich zu werden.*[28] Aber nicht nur der Mißbrauch, der mit dem Recht getrieben wurde, störte Petrarca. Er bildete nur einen Aspekt, mit dem er seine Selbstverteidigung wegen seines wenig eifrigen Jurastudiums wirkungsvoll zurüsten konnte. Im Grunde hegte er eine starke Aversion gegen einen Lehrstoff, der ihn zum größten Teil nicht interessierte. Einem Bekannten, der ihn nach seiner Meinung über die Ausbildung in der Jurisprudenz gebeten hatte, schrieb er im Rückblick auf seine Studienzeit: *Wenn ich mich fragte, ob es mir um die Zeit, die ich mit diesen Studien zugebracht habe, leid ist, wäre ich um die Antwort verlegen, denn zum einen wünsche ich mir, daß ich alles, was man nur kann, gesehen hätte, und doch schmerzt es mich zum anderen auch, daß mir ein so großer Teil meines Lebens, das so kurz ist, verlorengegangen ist; und das wird mich auch für mein restliches Leben mit Schmerz erfüllen. In diesen Jahren hätte ich andere Dinge tun können, ehrenwertere oder meinen Neigungen angemessenere. Und doch wird bei der Wahl der Lebensweise nicht immer dem Rühmlichsten der Vorzug gegeben, sondern dem, was denen, die die Wahl haben, am geeignetsten erscheint.*[29]

Immerhin hatte Petrarca fast zehn Jahre mit dem ungeliebten, ihm von seinem Vater oktroyierten Studium zugebracht, als ihn im Frühjahr 1326 die Nachricht ereilte, daß sein Vater gestorben war, und er nach Avignon zurückkehrte. In diesen Jahren hatte er das «septennium», also die Studienpflichten der sieben Jahre erfüllt, die ihm an der Universität Bologna in einem achten Studienjahr die Möglichkeit zum Erwerb des Doktorgrades gaben. Petrarca hat diese Gelegenheit jedoch nicht genutzt. Von Avignon ist er nicht mehr nach Bologna zurückgekehrt. Resümierend hielt er später über sein Studium und seinen späten Studienabbruch fest: *Wie drängten mich meine Eltern doch, daß ich das Zivilrecht studierte, um das Vermögen zu vermehren! Als sie noch am Leben waren, machte ich in der Tat einige Fortschritte darin, aber sowie ich auf mich selbst gestellt war, zog ich mich im vollen Bewußtsein dessen, was ich tat, davon zurück. Ich hätte gerne dem Willen meiner Eltern entsprochen, aber meine Neigung trieb mich anderswohin.*[30] Wohin, das lag auf der Hand. Doch wovon sollte er leben?

Im Dienst der Colonna

Begegnungen

«Gelegenheit macht Diebe.» Angesichts der Erfahrungen, die er und sein Bruder nach dem Tod des Vaters machten, konnte Petrarca nicht anders, als resigniert die Wahrheit dieses Sprichworts festzustellen. Es waren offensichtlich keine besonders vertrauenswürdigen Personen gewesen, denen Francesco und Gherardo nach dem Ableben von Ser Petracco ihre Angelegenheiten anvertraut hatten.[31] *Entweder war es das uns bestimmte Schicksal oder unsere Unbedarftheit*, schreibt Petrarca Jahre später. *Wir waren jung, allein, unbekümmert und schienen geeignete Opfer für unrechte Handlungen. [...] Das war es, was uns von Reichen zu Armen machte.*[32] Eine gewisse Unbekümmertheit und Leichtfertigkeit im Umgang mit Geld zeigte sich allerdings auch im Lebensstil, den die Brüder an den Tag legten. Als reifer Mann schaut Petrarca in einem Brief an seinen Bruder nur noch mit spöttischem Mißfallen auf ihren Lebenswandel zurück: *Du erinnerst Dich gewiß an den unnötigen Prunk der exquisiten Kleider, der mich – wie ich gestehe – noch heute im Bann hält, aber täglich weniger. Was war dies doch für eine ständig wiederkehrende Arbeit beim An- und Auskleiden morgens wie abends. Was für eine Sorge, daß nur nicht ein Haar aus der Ordnung gerate oder eine leichte Brise unsere ausgesuchten Frisuren durcheinanderbringe. Wie nahmen wir vor den aus allen Richtungen kommenden Tieren Reißaus, damit nicht irgendwelcher Dreck unser duftendes und glänzendes Gewand beflecke oder durch einen Zusammenstoß Knicke davontrüge. [...] Was soll ich von den Schuhen sagen? Die Füße, die sie zu schützen schienen, in was für einem schweren und fortwährenden Krieg drückten sie sie! Ich gebe zu, daß sie meine Füße vollkommen untauglich gemacht hätten, wenn ich mich nicht – von größter Not dazu gezwungen – doch damit abgefunden hätte, lieber die Augen der anderen ein*

Begegnung Petrarcas mit Laura in der Kirche Sainte-Claire in Avignon (1327). Gemälde von Josef Manes, 1846

bißchen zu strapazieren, als meine Nerven und Knöchel.[33] Auch wenn ihm die Reue ob ihres hohlen, geckenhaften Auftretens beim Ausmalen der Einzelheiten die Feder geführt haben mag, um der tugendhaften Wandlung seines Bruders zum Ordensgeistlichen Gewicht zu verleihen, so hatten Francesco und Gherardo in doch nicht geringem Maße am weltlichen Treiben in Avignon Gefallen gefunden. Man hielt etwas auf sich, man lief der letzten Mode nach. Und natürlich wurden Liebesgedichte geschrieben. Petrarca hatte sich dafür eine Dame auserwählt, der er am 6. April des Jahres 1327, einem Karfreitag, in der Kirche Sainte-Claire in Avignon begegnet sein will. Ihr, seiner «Laura», widmete er über Jahre hinweg Hunderte von Gedichten, mit denen er sie (und sich) unsterblich machen sollte. Der Name der von seinem Bruder Gherardo in jugendlichem Elan verehrten Dame ist nicht überliefert.[34]

Petrarca bewegte sich jedoch keineswegs nur in den Kreisen der modebewußten *Jeunesse dorée* der Rhônestadt. Eher noch suchte er den Kontakt zu Menschen, die mit ihm das Interesse an der Literatur der römischen Antike teilten. Und er fand bei ihnen herzliche

Aufnahme. Zu den Literaturliebhabern gehörte namentlich ein Kollege von Ser Petracco, der aus York stammende Raimundus Superanus, mit dem zusammen Petrarca die römische Geschichte des Livius las.

Zu den beiden Livius-Begeisterten gesellte sich 1328 der fast achtzigjährige Landolfo Colonna.[35] Die Begegnung mit dem alten Kanoniker aus Chartres, der nach Avignon übergesiedelt war, sollte für Petrarca von entscheidender Bedeutung sein, denn Landolfo führte in seinem Gepäck einen Codex mit sich, der für die Livius-Kenner einen unermeßlichen Wert darstellte: eine Handschrift mit der bis dato unbekannten vierten Dekade und einer eigenständig überlieferten zweiten Hälfte der dritten Dekade des livianischen Geschichtswerks. Für Petrarca brachte die Kenntnis der neuen Texte zwei Erkenntnisse, die für sein weiteres Leben als Gelehrter entscheidend waren: Erstens, daß die Zahl der aus dem Altertum überlieferten Texte größer war, als den meisten Gelehrten seiner Zeit bekannt. Und zweitens, daß die einzelnen, durch die Jahrhunderte tradierten Texte keineswegs ohne weiteres als autoritativ angesehen werden konnten, sondern des Vergleichs mit anderen, parallel überlieferten Versionen bedurften. Angesichts dessen machte sich der junge Livius-Kenner Petrarca noch 1328 an die erforderliche Arbeit, führte die Livius-Texte zusammen, verzeichnete die Varianten und vollbrachte so in weniger als einem Jahr seine erste philologische Großtat[36]: die Erstellung der für seine Zeit maßgeblichen Livius-Ausgabe. Sie diente ihm gleichsam als Eintrittsbillett in die Kreise der Gelehrten.

In die späten zwanziger Jahre fällt für Petrarca eine dritte bedeutsame Begegnung. Sie hat ihm zwar nicht unmittelbar Ruhm als Dichter oder Gelehrter eingebracht, ihm aber für fast zwei Jahrzehnte weitgehende finanzielle Sicherheit beschert und damit die Rahmenbedingungen für seine literarischen Arbeiten und gelehrten Studien geschaffen: die Begegnung mit dem um einige Jahre älteren Giacomo Colonna, einem Großneffen des betagten Landolfo. Über Giacomo, der ihn aus Bologna kannte, kam Petrarca in engeren Kontakt zur Familie Colonna.

Die Verbindung zu den Colonna[37], die an der Kurie sehr einflußreich waren, brachte für Petrarca in mancher Hinsicht Vorteile. Petrarca hatte sich nämlich nach dem Tode seines Vaters entschlossen, in den Dienst der Kirche zu treten, und die niederen Weihen empfangen. Als junger Mann ohne Studienabschluß konnte er sich so wenigstens den Lebensunterhalt sichern. In dieser Hinsicht war es für Petrarca ein selten glücklicher Umstand, daß Papst Johannes XXII. im Dezember 1327 Giovanni Colonna, einen Bruder von Petrarcas Freund Giacomo, zum Kardinal erhob und im Mai 1328 Giacomo für Verdienste, die er sich um die Kirche erworben hatte, zum Bischof von Lombez in der Gascogne ernannte.

Die Aufmerksamkeit, die Giacomo Colonna und seine Familie ihm, dem noch Unbekannten, entgegenbrachten, hat Petrarca nie vergessen. Selbst wenn später, nach 1347, eine Entfremdung zwischen ihm und den Colonna eintreten sollte, hielt er die Zeit im Kreise der für ihn so förderlichen Familie doch stets in bester Erinnerung: *Vor anderen wurde ich damals von der berühmten und großzügigen Familie Colonna ausgewählt, die seinerzeit an der römischen Kurie zugegen war, besser ausgedrückt: sie veredelte. Ich wurde von ihnen mit Ehren aufgenommen, die ich heute vielleicht, aber damals bestimmt nicht verdiente. Ich wurde von dem hervorragenden und unvergleichlichen Giacomo Colonna, damals Bischof von Lombez – dessengleichen ich, glaube ich, niemals gesehen habe noch jemals wieder sehen sollte – in die Gascogne mitgenommen, wo ich am Fuße der Pyrenäen dank der angenehmen Art des Herrn und der Begleiter einen beinahe himmlischen Sommer verbrachte, so daß ich bei dem Gedanken an diese Zeit immer sehnsuchtsvoll seufzen muß. Von dort zurückgekehrt, blieb ich für viele Jahre im Dienste seines Bruders, Kardinal Giovanni Colonna, nicht wie unter seiner Herrschaft, sondern wie unter einem Vater, nicht einmal das, vielmehr wie mit einem äußerst liebevollen Bruder, mehr noch: mit mir selbst wie in meinem eigenen Haus.*[38]

Das Jahr 1330, in das die Reise nach Lombez fiel, war für Petrarca selten glücklich. Es brachte mit der Aufnahme bei Kardinal Giovanni Colonna für ihn nicht nur eine Konsolidierung seiner Verhältnisse. Er hatte zudem auf der Reise zum neuen Bischofssitz von Giacomo Colonna den flämischen Kirchenmusiker und Sänger Ludwig von Kempen sowie den Römer Lello di Pietro Stefano dei Tosetti kennengelernt, mit denen ihn zeitlebens eine enge Freundschaft verbinden sollte. Beide zählten zur sogenannten familia, der Gemeinschaft der Angehörigen und Bediensteten, von Giovanni Colonna, der auch Petrarca nach seiner Rückkehr aus Lombez angehörte – als «Caplanus continuus commensalis», also als «ständiger Kaplan und Tischgenosse». Die Dienste, die Petrarca in seiner neuen Funktion zu leisten hatte, scheinen nicht genau umrissen gewesen zu sein. Seinen verstreuten Angaben zufolge nahm er recht unterschiedliche Aufgaben wahr. Er versah nicht nur die Stelle des Hauskaplans, sondern war auch als Hauslehrer für Agapito Colonna tätig, einen Cousin von Kardinal Giovanni. Ferner fungierte er als Gesandter sowie als Berater und Vermittler in familiären und öffentlichen Angelegenheiten nicht nur des Kardinals, sondern der Familie Colonna allgemein. Zudem hatten die Colonna vermutlich ein Auge auf Petrarcas literarische Interessen und auf seine dichterischen Fertigkeiten geworfen und versprachen sich auch in dieser Hinsicht einiges von ihm.

So unbestimmt Petrarcas Aufgaben waren, so viel Freiheit genoß er. Gewiß verklärte er die realen Dienstverhältnisse, die ihn häufig aus seinen geliebten Studien herausrissen, wenn er sagte, er habe sich bei Giovanni Colonna geradezu wie in seinem eigenen Haus gefühlt. Doch der Kardinal und seine Verwandten haben Petrarca tatsächlich von Anfang an immer wieder reichlich Zeit eingeräumt, in der er seinen Interessen nachgehen konnte.

Als Teil der Förderung ist auch eine Reise zu verstehen, die Petrarca mit dem Einverständnis von Kardinal Giovanni im Frühjahr und Sommer des Jahres 1333 nach Nordfrankreich, in die Niederlande und nach Niederdeutschland unternahm. Auf seiner Fahrt konnte der junge Gelehrte nicht nur seinen *brennenden Eifer, vieles zu sehen*[39], ausleben und seine *jugendliche Neugierde, diese Gegenden kennenzulernen*[40], stillen, sondern auch zahlreiche Gelehrte kennenlernen.

Petrarcas Reiseroute führte zunächst nach Paris, von wo er seinem Dienstherrn und Gönner berichtete, wie er die Stadt Tag und Nacht durchstreift habe, um alles zu sehen und alles zu überprüfen, was man ihm von der Metropole an der Seine erzählt hatte.[41] In Flandern und Brabant bescherte ihm seine frischgeweckte Leidenschaft, in Bibliotheken zu stöbern, die ersten eigenen Manuskriptfunde. Petrarcas Freunde hatten in diesem Fall das Nachsehen und mußten warten, bis er mit den am Ort angefertigten Abschriften der Texte im Gepäck die Reise mit ihnen nach Aachen fortsetzte, von wo sie nach Köln weiterreisten.

In seinem Brief aus Köln zeigt sich Petrarca in aufgeräumter Erzähllaune. Er war an einem Tag in der Stadt eingetroffen, an dem am Rheinufer ein feierliches Ritual begangen wurde: *Das ganze Ufer wurde von einem herrlichen und gewaltigen Zug von Frauen erfüllt. Ich war erstaunt: Götter, was für Schönheiten, was für Erscheinungen! Da hätte sich wirklich jeder verlieben können, der nicht sein Herz zuvor schon anderem geweiht hätte. Ich stand an einem etwas erhöhten Ort, von wo aus ich das, was geschah, beobachten konnte. Es gab einen unglaublichen, geordneten Menschenauflauf: Sie kamen in*

Gruppen, festlich gekleidet, zum Teil mit duftenden Kräutern bekränzt, die Ärmel über die Ellenbogen hinaufgezogen und tauchten ihre weißen Hände und Arme in das Wasser und murmelten süße Worte in einer mir unbekannten Sprache. […] Erstaunt über diese Dinge und wegen meiner Unwissenheit fragte ich einen von meinen Kölner Freunden mit jenem Vergilvers: «Was will die Menge am Flusse? / Was verlangen die Seelen?» Ich bekam zur Antwort, daß dies ein alter Ritus beim Volk sei, ein Volksglaube, vor allem bei den Frauen, demgemäß man glaube, daß durch die Reinigung an diesem Tag jedes drohende Unglück für das ganze kommende Jahr abgewendet werde, und daß darauf glücklichere Dinge folgen würden. Eine kultische Reinigung also, die stets mit unermüdlicher Achtung zu pflegen und zu vollziehen sei. Darauf sagte ich lächelnd: «Oh wie überaus glücklich seid ihr doch, ihr Anwohner des Rheins, deren Übel der Fluß hinwegspült! Unsere Übel würden der Po und auch der Tiber niemals wegspülen können. Eure Übel schickt ihr mit dem Rhein zu den Briten. Wir würden unsere gerne zu den Afrikanern und den Illyrern senden, aber unsere Flüsse sind, wie man weiß, träger!»[42]

Der resignative Ton, den Petrarca hier inmitten des festlichen Treibens anschlägt, verweist auf ein Grundproblem, das ihm in den Jahren in Avignon zu Bewußtsein gekommen war und das ihn bis an sein Lebensende beschäftigen sollte: die «italienische Frage» oder, genauer noch, die «römische Frage». Mit anderen Worten: das Wissen von der ehemaligen Größe und Bedeutung Roms und seines Weltreichs, das Wissen vom einstigen Wert der römischen Kirche, von ihrem schlimmen Zustand, seitdem sich die Kurie in Avignon befand, und von der daran geknüpften Frage, wie dieses Übel beendet werden könne. Nicht von ungefähr setzt Petrarca seinen Brief aus Köln mit einem Bericht über die *so weit von der Heimat entfernten Zeugnisse römischer Tüchtigkeit*[43] fort, die dort noch von der Größe des einstigen Reichs kündeten und im Kontrast zum Zustand Italiens zu seiner Zeit stehen. Daß ihm die Reise gerade im Hinblick auf Italien viele Dinge erst richtig zum Bewußtsein brachte, hatte Petrarca Giovanni Colonna bereits einen Brief zuvor mitgeteilt: *Ich bin bis nach Germanien gelangt und an die Ufer des Rheins, wobei ich aufmerksam die Gebräuche der Bewohner beobachtet habe, fasziniert, ein unbekanntes Land zu sehen und alle Dinge mit den unseren vergleichend. Und wenn ich auch überall herrliche Dinge sah, so bedauere ich doch nicht, als Italiener geboren worden zu sein. Im Gegenteil, um die Wahrheit zu sagen: je weiter ich wandere, desto mehr kommt mich Bewunderung für die heimatliche Erde an.*[44]

Die Bewunderung erscheint bei Petrarca jedoch gebrochen durch die Kenntnis des Zustandes Italiens und die Lage, in der sich die Kirche befand. Schon Avignon hat dazu wesentlich beigetragen. Die Bemerkungen Petrarcas über die Stadt und die Kurie wurden mit der Zeit immer bitterer. Zwar hat Petrarca den Vergleich zwischen Avignon und Babylon nicht erfunden[45], doch hat er in seinen Schriften die für ihn in dreifacher Weise eklatante Parallele immer wieder gezogen. Für ihn fristete die Kurie in Avignon wie in einer Art babylonischer Gefangenschaft ein beklagenswertes Dasein in der Fremde; die Stadt stellte mit ihrem weltlichen Treiben, das auch an der Kurie um sich griff, für ihn ein Sündenbabel dar. Und sie war anmaßend wie die Stadt des Alten Testaments. Vor allem der zweite Kritikpunkt markiert eine deutliche Wende gegenüber Petrarcas früherer Einstellung und seinem einstigen modischen Lebenswandel – eine Neuorientierung, die er in späteren Jahren auf seine Begegnung mit dem Augustinereremiten Dionigi da Borgo San Sepolcro zurückzuführen pflegte. Mit ihm war er erstmals vermutlich 1333 in Avignon zusammengetroffen.

Petrarca sah die vorrangige Aufgabe der Päpste und Kurialen darin, den Heiligen Stuhl wieder nach Rom zurückzuverlegen. Wiederholt hat er dies gefordert in italienischen Gedichten, lateinischen Versepisteln und Briefen, die er an hohe kirchliche Würdenträger und zum Teil an die Päpste selbst richtete. Dem Zögern der Kirchenregierung, die entscheidenden Schritte zu unternehmen, brachte Petrarca keinerlei Verständnis entgegen. Was er dabei nicht sah oder nicht gelten lassen wollte, waren die gewaltigen Probleme, die sich den Päpsten dabei stellten.

Bald konnte sich Petrarca selbst ein Bild von den schwierigen Verhältnissen in Italien machen, die er bislang nur aus Berichten und Erzählungen kannte. Im Sommer 1335 wurde er gebeten, sich an der Kurie mit einem Streitfall um Besitzrechte im Zusammenhang mit der Eroberung von Parma durch die Veroneser Scaliger zu beschäftigen.[46] Noch deutlicher standen ihm die schwierigen politischen Konstellationen allerdings bei einer Reise nach Rom vor Augen, die er gegen Ende 1336 mit Erlaubnis von Kardinal Giovanni unternahm. Von Marseille reiste Petrarca auf dem Seeweg nach Civitavecchia und von dort nach dem etwa 60 Kilometer nördlich von Rom gelegenen Capranica, wo er bei Orso dell'Anguillara, einem Schwager von Giacomo und Giovanni Colonna, unterkam. Die Zustände, die Petrarca in dem beschaulich-ländlichen Capranica vorfand, entsprachen keineswegs dem Idyll, das er hätte erwarten können. Zwar preist Petrarca in einem Brief an Giovanni Colonna nachdrücklich die Schönheit der Natur und der Landschaft, doch tritt das düstere Szenario der Feindseligkeiten unter den Bewohnern dieses Landstrichs dadurch nur noch deutlicher hervor. *Der Friede ist aus diesen Gegenden verbannt. Aufgrund welcher Vergehen der Menschen, aufgrund welcher Gesetze des Himmels, aufgrund welchen Schicksals oder welcher Kräfte der Sterne, weiß ich nicht. [...] Der Hirt hält bewaffnet Wache in den Wäldern, nicht so sehr, weil er Wölfe fürchten würde, sondern Diebe. Der Bauer geht mit einem Panzer bewehrt zum Pflügen und bearbeitet den Rücken des faulen Ochsen mit einem Speer, dessen Spitze er sich zu diesem Zweck zuwendet. Wer zur Vogeljagd geht, deckt die Netze mit dem Schild und der Angler befestigt den trügerischen Köder am festen Schwert. Du würdest lachen, wenn du sehen könntest, wie an einem schmutzigen Seil ein rostiger Helm befestigt wird, um Wasser aus dem Brunnen zu holen. Man macht hier eben nichts ohne Waffen.*[47] Doch so kurios das Verhalten der Bewohner von Capranica auch erscheinen mochte, für Petrarca war es ein beklagenswerter Zustand, in dem sie ihr Leben fristeten: *Bei den Bewohnern dieser Gegenden siehst du nichts, was sicher wäre, hörst nichts Friedliches, vernimmst nichts Menschliches, sondern gewahrst Krieg und Haß und alles, was Dämonenwerk gleich ist.*[48]

Grund für diese Zustände war nicht nur das damals in Italien weitverbreitete Brigantenwesen. Anfang 1337 trug noch zusätzlich eine der zahlreichen Fehden zwischen den Colonna und dem mit ihnen rivalisierenden römischen Adelshaus Orsini zur Unruhe in Rom und Umgebung bei. Petrarca war dadurch gezwungen, sich fast einen Monat lang in Capranica aufzuhalten. Erst dann konnte sein Freund Giacomo Colonna, zu dieser Zeit in Rom, zu ihm kommen, um ihn mit einer Eskorte von hundert bewaffneten Reitern sicher nach Rom zu geleiten.

Rom selbst konnte Petrarca dann allerdings unbehelligt in Augenschein nehmen. Was er zu sehen bekam, hatte mit der Hauptstadt des einstigen Weltreichs, das er aus den Geschichtsbüchern kannte, nichts mehr zu tun. Die Stadt glich eher einer Ansammlung von Ruinen, zwischen denen Vieh weidete und Ackerbau betrieben wurde. Die Monumente des alten Rom waren zerstört, dienten der Bevölkerung als Steinbrüche oder waren zu Wohnstätten umgebaut worden. Dennoch, Petrarca zeigt sich begeistert, wenn er an Giovanni Colonna schreibt: *Es ist genau das Gegenteil dessen eingetreten, was Du befürchtet hast: Du hast mir nämlich stets davon abgera-*

Die Thermen des Diokletian. Radierung, 1774, aus «Vedute di Roma» von Giovanni Battista Piranesi

ten – ich erinnere mich gut –, hierher zu kommen, weil Du fürchtetest, daß der Anblick einer Stadt in Ruinen, die nicht dem Ruhm und dem Bild entsprechen konnte, das ich mir von ihr anhand der Bücher gemacht hatte, meine Begeisterung dämpfen müßte. Und auch ich, wenn auch mein Herz voller Leidenschaft war, habe meinen Besuch gerne verschoben, im Zweifel darüber, ob nicht doch das, was ich mir vorgestellt hatte, vor der Realität, die immer eine Feindin der Einbildung ist, und vor meinen Augen kleiner erscheinen könnte. Doch die Realität – es ist erstaunlich zu sagen – hat nichts verkleinert, sondern alles vergrößert. Rom war wirklich größer als ich dachte, und größer sind seine Überreste. Ich wundere mich bereits, nicht etwa, daß der Erdkreis von dieser Stadt beherrscht wurde, sondern daß dies so spät geschah.[49]

Petrarca hat, wie hier deutlich wird, die Augen vor der Realität nicht verschlossen, doch ist er nicht in die erwartete Klage verfallen. Den Niedergang des alten Rom zu betrauern, erschien ihm sinnlos. Und gerade dadurch, daß er sich nicht der unproduktiven Trauer um das Vergangene hingab, sondern aus der gegenwärtigen Lage und ihrer Differenz zur Vergangenheit das Beste zu machen suchte, kam ihm die Idee zu Neuem. *Vielleicht*, schreibt er aus Rom an Giovanni Colonna, *hat sich mir ein Stoff für etwas dargeboten, worüber ich in Zukunft schreiben werde.*[50]

Was Petrarca 1337 noch vorsichtig als Vermutung äußerte, sollte sich bald konkretisieren, wie in einem Brief Petrarcas an den Dominikaner Giovanni Colonna deutlich wird. Mit ihm zusammen hatte Petrarca die Ruinen des alten Rom besichtigt. In Erinnerung an die gemeinsamen Streifzüge hat er, der Livius-Kenner, seinem Freund seitenweise die Assoziationen aufgelistet, die sich ihm angesichts der historischen Schauplätze aufdrängten. Die Spaziergänge mit dem gelehrten Dominikaner, so wird aus dem Schriftstück deutlich, waren für ihn glückliche Momente idealen geistigen Austauschs: *Oft machten wir bei den Thermen des Diokletian halt, wenn wir vom Durchstreifen des ungeheuren Stadtgebietes müde waren. Manchmal stiegen wir sogar auf das Dachgewölbe dieses ehemals prachtvollen Gebäudes, denn nirgends fand man besser als dort gesunde Luft, freie Aussicht, Ruhe und die ersehnte Einsamkeit. Dort sprachen wir nie von Geschäften, nicht von häuslichen oder öffentlichen Angelegenheiten, Dinge, die wir uns schon vorher von der Seele geredet hatten. Wie wenn wir zwischen den Mauern der gebrochenen Stadt umhergingen, so hatten wir dort oben die Trümmer und Ruinen immer unmittelbar vor Augen. [...] Da sprachen wir viel von Geschichte, und es schien so, als hätten wir sie uns aufgeteilt: Ich kannte mich, wie es schien, in der alten Geschichte besser aus, womit wir die Zeit meinten, bevor die römischen Kaiser den Namen Christi feierten und verehrten. Du warst in den jüngeren Zeiten beschlagener, worunter wir die Zeit von da an bis in die Gegenwart begriffen.*[51]

Aus eben der alten, heidnischen Geschichte, in der er sich so gut auskannte, sollte Petrarca den Stoff für mehrere seiner gelehrten lateinischen Dichtungen und Prosawerke beziehen, von denen er die ersten in den späten dreißiger Jahren nach seiner Rückkehr nach Avignon in Angriff nahm. Es waren Arbeiten, mit denen er Rom, den Tugenden der Römer und der lateinischen Sprache mit seinen Mitteln wieder den hervorragenden Stellenwert zuweisen wollte, den sie in seinen Augen durch die Jahrhunderte eingebüßt hatten.

Daß Petrarca die Hoffnung nicht aufgab, daß sich die politischen und kirchlichen Verhältnisse schon bald zum Positiven verändern würden und Rom bald wieder in alter Pracht erstünde, wird in der Kanzone *Spirito gentil* (*Oh edler Geist*, RVF 53) deutlich, die er kurz nach seiner Rückkehr von Rom nach Avignon verfaßt hat. In ihr ermuntert er den von Papst Benedikt zum römischen Senator ernannten Bosone da Gubbio in seiner Aufgabe, die Rückverlegung der

Kurie nach Rom vorzubereiten. Petrarca singt in der Kanzone ein Lob auf den Adressaten, schildert die Schwierigkeiten von Bosones Aufgabe, beteuert, daß sich die Seelen der heidnischen wie der christlichen Toten über seine Handlungsbereitschaft freuen werden, besonders aber die leidende Bevölkerung Roms und die Colonna, deren Schicksal es bis dato gewesen sei, von anderen römischen Familien in ihrem Bemühen um Rom behindert und allgemein angefeindet zu werden. Auf diese Weise, schreibt Petrarca, könne der neue Senator ewigen Ruhm erwerben. – Eine klare Stellungnahme zugunsten Bosones und der Familie Colonna, seinen Gönnern. Und nur ein Zeugnis für die zahlreichen Äußerungen zur politischen Lage, mit denen Petrarca von nun an die Ereignisse seiner Zeit in Poesie und Prosa kritisch kommentierend begleiten sollte.

Der junge Gelehrte, der junge Dichter

Als ich von dort [aus Rom] zurückkam und ich meinen gegen alle Städte, besonders aber gegen Avignon gerichteten abscheulichen Widerwillen und Haß, der meinem Geist von Natur aus eigen ist, nicht mehr ertragen konnte, suchte ich einen Ort zum Zurückziehen, gleichsam einen Hafen. Ich fand ein enges, aber abgeschiedenes und anmutiges Tal, das «Das Geschlossene» genannt wird und fünfzehn Fußmeilen von Avignon entfernt ist, wo die Königin aller Quellen, die Sorgue entspringt. Ergriffen von der Lieblichkeit des Ortes, bin ich mit meinen Büchern dorthin umgezogen.[52]

Über zwanzig Jahre waren vergangen, seitdem Petrarca noch als Kind zum erstenmal nach Vaucluse gekommen war und gelobt hatte, sich in das ruhige Tal zurückzuziehen, sobald es ihm möglich sein würde. Die Zeit dafür war 1337 gekommen. Petrarca erwarb im Tal der Sorgue ein kleines Anwesen und machte es – im Wortsinn – zu seinem Refugium: Während der nächsten anderthalb Jahrzehnte nahm er jede Gelegenheit wahr, Avignon zu entfliehen und sich in die Einsamkeit von Vaucluse zurückzuziehen. Das «geschlossene Tal» war für Petrarca gleichbedeutend mit *Freiheit, Zeit der Muße, Stille, Einsamkeit*[53], es war ihm ein *Hafen in den Stürmen des Lebens*[54] und vor allem ein Ort, *hervorragend dafür geeignet, edle und friedliche Studien zu betreiben*[55]. Hier konnte er sich der Lektüre der lateinischen Klassiker hingeben und in Ruhe eigene Werke niederschreiben. Der größte Teil von Petrarcas Schriften ist denn auch in

«Transalpina solitudo mea iocundissima» («Meine sehr angenehme transalpine Einsamkeit»). Vaucluse in der Nähe von Avignon. Zeichnung Petrarcas in Plinius' «Naturalis historia». Paris, Bibliothèque nationale de France, ms.lat. 6802, fol. 143 v°

Vaucluse, seinem *transalpinen Helikon*[56], verfaßt oder doch begonnen worden. Petrarca hat darauf häufig hingewiesen und konnte so schließlich stolz feststellen: *Was ist in dem Frieden der Berge, Quellen und Wälder bis auf den heutigen Tag – ich sage nicht Glänzenderes, sondern gewiß Bekannteres – geschehen, als daß ich dort gewohnt habe? Ich würde sogar zu sagen wagen, daß das Tal nicht weniger aufgrund meines als aufgrund seines Namens oder wegen der gewiß bemerkenswerten Quelle bekannt ist.*[57]

Ein Besucher, schrieb Petrarca an einen Freund, hätte ihn in Vaucluse und in der Umgegend die Wälder und Wiesen durchstreifen sehen, *Tag und Nacht die Muße genießend, lobsingend im Verein mit den Musen, inmitten des Gesangs der Vögel und dem Murmeln der Nymphen, mit wenigen Dienern und vielen Büchern*[58]. Und er hätte ihn im Studium begriffen vorgefunden: im Winter am Kamin sitzend, im Schein des Feuers, und im Sommer liegend, unter den Bäumen seines Gartens.

Es waren nur wenige Freunde, die den Weg in das abgeschiedene Tal auf sich nahmen, um Petrarca zu besuchen. Allein Philippe de Cabassole, der Bischof der Diözese Cavaillon, in der Vaucluse liegt, hat ihn öfter besucht. Ein Jahr jünger als Petrarca, teilte er mit ihm das Interesse an der antiken Literatur und am gelehrten Gespräch. Noch in einem seiner letzten Briefe erinnerte sich Petrarca mit Freude an die Spaziergänge mit Philippe in den Wäldern von Vaucluse und an die langen Gespräche bis zum Einbruch der Nacht.[59]

Die meisten Tage vergingen für Petrarca jedoch in fast vollständiger Einsamkeit.[60] Um so besser konnte er sich dem Studium seiner verehrten Autoren widmen, vor allem aber damit beginnen, eigene Ideen zu verwirklichen. Petrarca versuchte sich zunächst in verschiedenen literarischen Gattungen: Er schrieb eine Komödie, unternahm erste Arbeiten zu einem Geschichtswerk, begann ein Heldenepos und widmete sich ausgiebig der Dichtung in der Volkssprache.

Von Petrarcas lateinischer Komödie war schon zu seinen Lebzeiten nicht mehr als der Titel *Philologia* bekannt. Und Petrarca war das nur recht. Er sah sein Theaterstück, wie er einem Freund gestand, als ein unausgereiftes Jugendwerk an, über das man am besten nicht viele Worte verliere.[61] Und so ist seinen Schriften auch nur zu entnehmen, daß er die Komödie für den Dominikanerbruder Giovanni Colonna geschrieben hatte, um ihn ein wenig aufzuheitern.[62]

Das Bühnenwerk ist also nach Petrarcas Willen nur als situationsbedingtes Randprodukt seiner jugendlichen literarischen Tätigkeit anzusehen. Anders die Geschichtsschreibung: Sie nimmt für ihn in diesen Jahren eine zentrale Stellung ein. Petrarcas Plan zu einem *Buch mit Geschichten von König Romulus bis auf Kaiser Titus*, einem, wie er schreibt, *immensen Werk und dazu angetan, Zeit und Kräfte zu verzehren*[63], kann als konsequente Fortentwicklung seiner Beschäftigung mit der Geschichte Roms des Livius verstanden werden, die durch seinen Romaufenthalt noch zusätzlich Nahrung erhalten hatte. Petrarca hat das Werk allerdings, möglicherweise wegen seines gewaltigen Umfangs, nicht ausgeführt. Erhalten ist, vermutlich als «Rest» der großangelegten Arbeit, lediglich eine Sammlung von dreiundzwanzig Lebensbeschreibungen berühmter Männer des Altertums von Romulus bis Cato.[64] Das Werk, das Petrarca bis in die siebziger Jahre hinein beschäftigen sollte, hat er schließlich mit *De viris illustribus* (*Von berühmten Männern*) überschrieben.

Petrarcas Haus in Vaucluse

Äußerlich stellte die Konzentration auf das Leben einzelner Persönlichkeiten einen Rückschritt gegenüber dem ursprünglichen historiographischen Projekt dar. Doch wußte Petrarca seinen neuen Ansatz in seinem nachträglich verfaßten Vorwort gut zu begründen. Dabei wird deutlich, daß er in seiner Konzeption der Geschichtsschreibung zwischen der Beschränkung auf einzelne Lebensbeschreibungen und einem großen historiographischen Entwurf keinen Unterschied machte.

Das Abfassen von Werken über lange zurückliegende Ereignisse wie die der römischen Geschichte sieht Petrarca als eine Tätigkeit an, durch die zwar erneut das vermittelt wird, was bereits von anderen Geschichtsschreibern niedergelegt worden ist, die jedoch durch die Art der Auswahl und die neue Zusammenstellung der historischen Fakten als eigenständig angesehen werden muß. Die Auswahl ist für Petrarca schon aufgrund der zahlreichen Widersprüche zwischen den antiken Historikern notwendig, wobei er seine Kriterien klar benennt: *Ich bin weder ein Geschichtsklitterer, noch ein Sammler von allem und jedem, sondern zeichne diejenigen Dinge nach, deren Wahrscheinlichkeit sicherer oder deren Autorität größer ist.*[65] Petrarca versteht sich also als Historiker, der die historischen Ereignisse erst dann zur Darstellung bringt, nachdem er sie einer genauen Prüfung unterzogen hat. Dabei sollen sie sich als menschlichem Handeln gemäß erweisen (Wahrscheinlichkeit) oder als Handlungen erkennbar werden, die von anderen Menschen zur Richtschnur ihres Tuns genommen wurden (Autorität). Die Prüfung auf diese Kriterien hin ist Petrarca vor allem deshalb wichtig, weil er mit der Vermittlung vergangenen Geschehens auf die Wertmaßstäbe und Entscheidungen der Leser seines Werkes zielt: *Bei mir finden sich nur solche Dinge, die zu den Tugenden oder ihrem Gegenteil hin gezogen werden können; dies nämlich ist, wenn ich mich nicht irre, das fruchtbare Ziel der Geschichtswerke: das zu schildern, was von den Lesern entweder zu erstreben oder zu meiden ist.*[66] Mit anderen Worten: die Absicht, die Petrarca mit seiner Sammlung von Lebensläufen verfolgte, war nicht bloße historische Dokumentation, sondern die Präsentation beispielhafter Biographien, die den Lesern eine Entscheidungshilfe für ihr eigenes Leben bieten sollten. Genauer noch war Petrarcas Intention die Vermittlung von «virtus», also alles dessen, was unter den Begriffen Tugend, Tapferkeit oder Tüchtigkeit subsumiert werden kann. Dabei ging es ihm nicht um einen zeitlich fest verankerten (etwa nur römischen), sondern um einen allgemein-überzeitlichen «virtus»-Begriff. Bei aller Bedeutung, die Petrarca der «virtus» beimaß, vermied er es aber, seine *viri illustres* als reine Idealgestalten darzustellen. Er war sich bewußt, daß *wie bei besonders schönen Gesichtern so auch häufig bei ausgezeichneten Seelen irgendeine Abweichung von der Natur stört*[67]. Und ebensowenig ging es ihm darum, nur die reine Tatsache der Größe, des Reichtums oder der Macht einer Person darzustellen, denn Macht und Reichtum konnten einem Menschen schließlich auch durch Glück zuteil werden. Ein wahrhaftiger *vir illustris* verdankte nach Petrarca seine Berühmtheit allein seinem vorbildlichen Handeln.

Dadurch daß sich Petrarca in seinem Buch auf Männer der Tat, auf Herrscher und Feldherren beschränkte, vollzog er im Anschluß an antike Traditionen einen Bruch zur mittelalterlichen «De viris illustribus»-Literatur. Denn die mittelalterlichen «viri illustres» waren, wie etwa in einem entsprechenden Buch von Petrarcas Freund Giovanni Colonna, Gelehrte gewesen.[68]

Es ist nicht bekannt, wie viele der exemplarischen Kurzbiographien Petrarca bereits Ende der dreißiger Jahre in Vaucluse verfaßt hat. Mit Sicherheit läßt sich das nur von der Scipio-Vita sagen, die Petrarca als Vorlage für ein weiteres Werk diente.

Der Grund für Petrarcas starkes Interesse an der Biographie des Scipio Africanus liegt in der besonderen «virtus» des römischen

Feldherrn begründet, die in seinen Augen den Namen Scipio und den Begriff der «virtus» beinahe untrennbar miteinander verband: *Es ist kaum möglich, den Begriff der «virtus» zu finden, ohne auf den Namen Scipios zu stoßen*[69], schreibt er. Und es war Petrarcas eigene Liebe zur «virtus», die ihn dazu veranlaßte, den Scipio-Stoff noch einmal in breiterer und literarisch aufwendigerer Form, als Epos, zu präsentieren. Die Idee dazu verdankte er, wie er in seinem *Brief an die Nachwelt* mitteilt, einer ungewöhnlichen Inspiration: *Als ich einmal in diesen Bergen [bei Vaucluse] spazierenging, am sechsten Tag einer Karwoche, kam mir mit einem Schlag der heftige Gedanke, daß ich über jenen ersten Scipio Africanus, dessen Name mir von der frühesten Jugend an teuer war, ein Heldenepos schreiben sollte; wie dem auch sei, ich gab dem Buch nach dem Gegenstand den Titel «Africa», ein Werk, das vielen – ich weiß nicht ob mehr aufgrund meines oder seines Glücks – gefallen hat, bevor es noch bekannt wurde.*[70]

Wie 1327 bei seiner Begegnung mit Laura soll es also ein Karfreitag gewesen sein, an dem ein entscheidender Einschnitt in Petrarcas Leben erfolgte, vermutlich 1338 oder 1339. Ob es sich dabei um eine wahre Begebenheit oder eine bewußt gesetzte, fiktive Datierung Petrarcas handelt, um seinem Epos von vornherein eine besondere Note zu geben, ist nicht zu entscheiden. Auf jeden Fall konnte die Datierung als wahrscheinlich gelten: Als Christ mochte Petrarca an dem Feiertag im trauernden Gedenken an Christi Leiden und Opfertod sensibilisiert und dadurch für die Inspiration zu einer dichterischen Großtat besonders empfänglich gewesen sein. Und eine Großtat war es von Anfang an, denn Petrarca beabsichtigte mit seiner *Africa* nichts Geringeres, als das antike Heldenepos im Sinne Vergils wiederzubeleben. An der «Aeneis» des bedeutendsten römischen Epikers hat er sich daher auch in vielfältiger Weise orientiert: nicht nur in der sprachlichen Gestaltung, sondern auch in der Konzentration der Darstellung auf charakteristische historische Begebenheiten und in der Ausgestaltung einzelner Episoden.

In Vaucluse hat Petrarca die ersten vier Gesänge seines Epos geschrieben. Sie gingen ihm leicht von der Hand, denn mit der Materie, den Geschehnissen des zweiten Punischen Kriegs, war er durch und durch vertraut. Als Grundlage der ersten beiden Gesänge diente ihm der «Traum des Scipio» («Somnium Scipionis») aus dem sechsten Buch von Ciceros Schrift «Vom Gemeinwesen» («De re publica»). Petrarca baut die Geschichte wie folgt aus: Dem Scipio Emilianus, der gegen die Karthager in den Krieg ziehen will, erscheint sein Vater im Traum. Er wird mit ihm zusammen in himmlische Sphären enthoben, wo er die Geschichte Roms vor Augen geführt bekommt. Vor ihm ziehen die großen römischen Herrscher und Feldherren bis auf Augustus vorüber, mit dem der Höhepunkt der römischen Geschichte erreicht ist. Danach setzt der Verfall des Römischen Reichs ein, der dem Ruhm der Stadt Rom jedoch keinen Abbruch tut, die nach Petrarcas Aussage immer die Königin der Welt sein wird. Scipios Vater Publius weist angesichts des Niedergangs des Reiches auf die Vergänglichkeit aller Dinge hin und legt den Unterschied zwischen rein weltlichem und himmlischem Ruhm dar: Die Menschen und das, was von ihnen zeugt, sind dem Zeitlichen unterworfen, nur die himmlische Tugend ist ewig. Wie die ersten beiden Gesänge, so bilden auch der zweite und dritte Gesang der *Africa* eine Einheit. Petrarca schildert, wie Scipio seinen Vertrauten Lelius zum Zwecke von Friedensverhandlungen in das Lager der Feinde entsendet, was ihm Gelegenheit zu einer Gegenüberstellung der punischen und der römischen Geschichte gibt. Ein Sänger singt vom Ruhm Karthagos und den hervorragenden Eigenschaften Hannibals, und Lelius berichtet anhand von Beispielen aus der Geschichte Roms von der römischen «virtus», die durch Scipio in einzigartiger Weise verwirklicht werde. – Auch wenn Petrarca an dieser Stelle zunächst seine Arbeit an dem Epos unterbrach, wurde jedoch schon in Ansätzen deutlich, daß es ihm mit seiner *Africa* um mehr als nur die Erneuerung des literarischen Genus und das Lob der römischen «virtus» ging. Vielmehr arbeitet er die «virtus» als Grundvoraussetzung erfolgreichen und ruhmwürdigen politischen Handelns heraus, eines Handelns, das in seiner Zeit die Erneuerung Roms und Italiens bewirken konnte, für die er sich einzusetzen begann.

Es waren jedoch nicht nur die ambitionierten Unternehmungen wie *De viris illustribus* und die *Africa*, die Petrarca die Einsamkeit von Vaucluse suchen ließen. Seit den späten zwanziger Jahren gab es noch einen weiteren Grund: seine leidenschaftliche Liebe zu Laura, die von der Geliebten nicht (oder nicht in dem von ihm gewünschten Maße) erwidert wurde. Einem Freund bekannte er Jahre später: *In der Hoffnung, in der Frische dieses schattigen Ortes das jugendliche Feuer zu löschen, das, wie Du weißt, viele Jahre lang in mir brannte, pflegte ich seit meiner Jugend mich dorthin zurückzuziehen wie in eine stark befestigte Burg. Aber wie unvorsichtig war ich doch! Eben diese Heilmittel zerstörten mich. Verbrannt nämlich von diesen Feuern, die ich mit mir trug, und in derartiger Einsamkeit ohne jemanden, der mir gegen diese Feuer hätte helfen können, brannte ich noch verzweifelter. Auf diese Weise brach die Flamme in meinem Her-*

zen aus meinem Mund hervor und erfüllte den Himmel und die Täler mit unglücklichen aber – wie es einigen schien – auch süßen Lauten. Daraus erwuchsen die volkssprachlichen Verse über meine jugendlichen Qualen, derer ich mich heute schäme und die ich bereue, die sich aber doch auch, wie wir sehen können, bei denen, die vom selben Übel geschlagen worden sind, großer Beliebtheit erfreuen.[71] Seinem Liebeskummer war die Einsamkeit von Vaucluse zwar abträglich, für sein dichterisches Schaffen war sie dagegen von Vorteil; denn Dichter, schrieb Petrarca einmal, bedürften gerade der Stille, um arbeiten zu können: *Wer Worte im Versmaß bindet, wer außer auf die Sätze und die Worte auch auf den Stil achten muß, braucht mehr Ruhe und Stille als andere.*[72] Und Ruhe wie Stille hatte er in Vaucluse zur Genüge.

Petrarca sprach aus Erfahrung. Er war kein Anfänger mehr: Schon während seiner Studienjahre in Bologna hatte er erste Proben seiner Dichtkunst geliefert und hat auch später verschiedenste Anlässe dazu genutzt, Verse zu schreiben. Es waren Gedichte, in denen er ein aktuelles Ereignis aufgriff, auf die politische Situation seiner Zeit Bezug nahm oder auch hin und wieder die Liebe zum Gegenstand wählte.

Nach seiner Begegnung mit Laura im Jahre 1327 hat sich Petrarca in der Dichtung wenn auch nicht ausschließlich, so doch vornehmlich der Liebesthematik in ihrem ganzen Facettenreichtum gewidmet. Bis Anfang der vierziger Jahre hat er es so auf rund 110 Gedichte gebracht, die er auch später noch, nach sorgfältiger Auswahl und zum Teil mehrfacher Revision, für geeignet befand, in seine Sammlung *Rerum vulgarium fragmenta* (*Bruchstücke volkssprachlicher Dinge*) aufgenommen zu werden.

Dichterisch hat sich Petrarca an der Liebeslyrik der Troubadoure genauso geschult wie an der italienischen Dichtung des Frauenlobs der «Sizilianischen Schule» und Dichtern wie Cavalcanti oder Dante, die im «dolce stil novo» («süßen neuen Stil») ihre Geliebten besangen. Seine Verse aus den dreißiger und frühen vierziger Jahren weisen so auch bereits die großen Themen auf, die später seine Gedichtsammlung *Rerum vulgarium fragmenta* beherrschen sollten. Der Bogen spannt sich vom Lob der Schönheit Lauras, von der Freude und dem Leid des von der Aufmerksamkeit seiner Dame abhängigen Liebenden über das Bewußtsein um die Unzulänglichkeiten rein irdischer Liebe bis hin zu religiösen Themen.

Schon in einer seiner (nach eigenem Bekunden) *ersten Erfindungen*[73], in der Kanzone *Nel dolce tempo della prima etade*[74] (*In der sü-*

ßen Zeit der Jugend, RVF 23), kam Petrarca im Rahmen verschiedener Metamorphosen, denen er als zurückgewiesener Geliebter durch das Verhalten seiner Geliebten unterworfen ist, über Anspielungen auf die griechische Mythologie vermutlich zum erstenmal auf das Motiv des Lorbeers (italienisch: lauro) zu sprechen, den er als Preis der Dichter erstrebte und in den er selbst, seiner Schilderung nach, wie dereinst Daphne verwandelt wurde.

Es war die auffällige Parallele zwischen dem Namen der Geliebten (Laura) und dem Dichterlorbeer (lauro), der Petrarcas Freund Giacomo Colonna stutzig machte. Und ihm drängte sich der Verdacht auf, daß es die Dame, die Petrarca unter dem Namen Laura besang, gar nicht gab. Als er dies Petrarca gegenüber zum Ausdruck brachte, rief er damit eine empörte Antwort des Dichters hervor: *Was sagst Du? – Daß ich den schönen Namen Laura erfunden habe, um von ihr sprechen zu können und damit viele in dieser Art von mir reden können, während es in Wirklichkeit keine Laura in meinem Herzen gibt, außer vielleicht jenen Dichterlorbeer [lauro], den zu erstreben mein langes und unermüdliches Studieren bezeugt! Daß natürlich diese lebendige Laura, von deren Schönheit ich gefangengenommen zu sein scheine, künstlich ist, die Gedichte fingiert, die Seufzer vorgemacht! Darin wenigstens wünschte ich, daß Du scherztest! Daß es nur ein Simulieren wäre und nicht Liebestollheit! Aber glaube mir: niemand kann ohne große Anstrengung auf lange Zeit etwas vormachen. Sich aber ohne Grund anzustrengen, damit man wahnsinnig erscheint, ist der größte Wahnsinn. Bedenke ferner, daß wir eine Krankheit mit Gesten leicht nachmachen können, die Blässe aber nicht. Und meine Blässe, meine Qual sind Dir aber bekannt, und mir kommt daher der Verdacht, daß Du, mit deiner sokratischen Heiterkeit, die man Ironie nennt, in der Du Sokrates nicht nachstehst, Dich über meine Krankheit lustig machen willst. Aber warte nur! Meine Wunde wird mit der Zeit heilen und es wird sich an mir jener Spruch Ciceros bewahrheiten: «Die Zeit schlägt Wunden, die Zeit heilt.»*[75]

Das Argument, mit dem Petrarca angetreten war, der *sokratischen Heiterkeit* seines Freundes den Garaus zu machen, ist nicht das stärkste: Die Blässe des Liebeskranken war als Topos der Liebeslyrik nicht gerade angetan, den Verdacht der Konstruktion des Liebesverhältnisses zu reinen Zwecken der Dichtung zu zerstreuen. Wieder einmal – und nicht anders als in seinen Gedichten – hatte Petrarca mit vielen Worten eine Menge über sich selbst und nichts Biographisch-Substantielles über Laura gesagt.

Das sollte sich auch nicht ändern. Von Petrarcas Geliebter ist de

Laura. Gemälde von Giorgione, 1506. Wien, Kunsthistorisches Museum

facto nur sehr wenig bekannt – abgesehen vom Namen, und selbst ihn nennt Petrarca nur ein einziges Mal in seinen Versen.[76] Zwar spricht Petrarca von ihr ausgiebig in seinen Gedichten und in seiner allegorisch-didaktischen Dichtung *Trionfi* (*Triumphe*), berichtet von ihr in der Schrift *Secretum meum* (*Mein Geheimnis*), spielt auf sie in seinen Briefen an und läßt sie im *Bucolicum carmen* (*Hirtengedicht*) allegorisch verbrämt in Erscheinung treten[77], doch bleibt ihre Gestalt ohne persönliche Züge. Selbst bei der Schilderung von

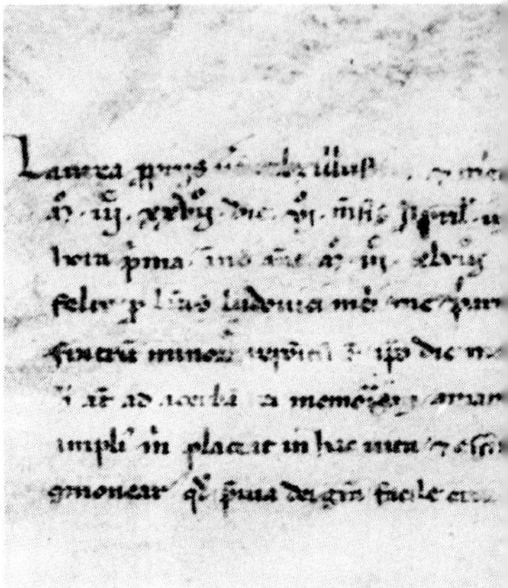

Lauras goldgelbem Haar, von ihrem weißen Teint, ihren Wangen, die ein *süßes Feuer* schmückt, von ihren sternengleichen Augen hat sich Petrarca im Rahmen gängiger lyrischer Frauenbeschreibung bewegt.[78] Ein Bildnis von Laura, das der an der Kurie beschäftigte Maler Simone Martini 1336 angefertigt haben soll und von dem Petrarca in zwei Sonetten berichtet[79], ist nicht erhalten. Auch alle Versuche der Nachgeborenen, Laura mit der Tochter des Jean de Sade zu identifizieren oder in ihr die Tochter des Audibert de Noves wiederzuerkennen, die in jungen Jahren Hugues de Sade ehelichte, sind zweifelhaft.[80]

Daß es Petrarca in seiner Liebesdichtung an und über Laura um anderes ging als um die minutiöse Schilderung einer realen Liebesbeziehung, wird in einer Notiz deutlich, die er auf dem Vorsatzblatt seiner Vergil-Handschrift eingetragen hat: *Laura, berühmt für ihre Tugenden und seit geraumer Zeit in meinen Gedichten gefeiert, erschien zum ersten Mal vor meinen Augen am ersten Tag meiner Jugend, im Jahre des Herrn 1327, am sechsten Tag des April in der Kirche der Heiligen Clara in Avignon, zur Morgenstunde. Und in eben derselben Stadt, im selben Monat April, zu derselben ersten Stunde des Tages des Jahres 1348, wurde das Licht ihres Lebens dem Licht des Tages geraubt, während ich mich zufällig in Verona befand, nichts wissend, ach, von meinem Schicksal. Die schmerzliche Nachricht erreichte mich in Parma, in einem Brief meines Ludwig [von Kempen], im selben Jahr, am Morgen des 19. Mai. Ihr keuschester und allerschönster Leib wurde auf dem Friedhof der Minderbrüder zur Ruhe gelegt, am selben Tag, an dem sie starb, zur Vesper. Ich bin davon überzeugt, daß ihre Seele in den Himmel zurückgekehrt ist, von wo sie gekommen war, wie jene des Africanus, wovon Seneca berichtet. Ich habe diese Notiz zur herben Erinnerung an diesen Verlust – und doch auch mit einer bitteren Süße – auf dieser Seite, die mir häufig unter die Augen kommt, niedergeschrieben, so daß ich durch das häufige Lesen dieser Worte und das Meditieren über die große Flüchtigkeit der Zeit ermahnt werde, daran zu denken, daß ich nunmehr im Leben keine Freude mehr fin-*

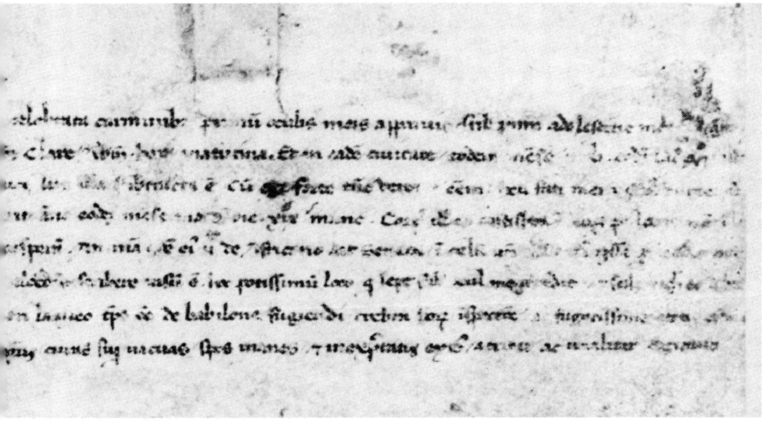

Notiz Petrarcas über Lauras Tod auf dem Vorsatzblatt seines Vergil-Kodex. Mailand, Biblioteca Ambrosiana, ms S.P.10/27

den kann und daß es nun, da die engste Verbindung zerbrochen ist, Zeit ist, aus Babel zu fliehen: und das wird dank der vorausblickenden Gnade Gottes für mich leicht sein, wenn ich mit mutiger Ausdauer über die unnützen Dinge, die nichtigen Hoffnungen und die unvorhersehbaren Ereignisse der vergangenen Zeit nachdenke.[81]

Der Eintrag dient bei genauem Hinsehen nicht nur der Erinnerung an eine (reale) Person namens Laura. Der auffälligen, ungewöhnlichen Parallele der Ereignisse des 6. April der Jahre 1327 und 1348 liegt eine Konstruktion zugrunde, die Petrarcas Liebe zu Laura auf eine höhere Bedeutungsebene hebt.[82] Petrarca hat dafür eine Inkohärenz verschiedener Aussagen in seinem Werk in Kauf genommen, denn der 6. April 1327 war keineswegs – wie von ihm in einem Sonett[83] ausgewiesen – ein Karfreitag, sondern der Montag der Karwoche. Petrarca kam es darauf aber offensichtlich nicht an. Ihm war der Symbolgehalt dessen, was er schrieb, wichtiger, und er hat sich dafür vor allem der mittelalterlichen Zahlensymbolik bedient. In ihr hatte die Zahl Sechs eine besondere Bedeutung: Sie galt als Sakralzahl, weil Gott die Schöpfung in sechs Tagen vollzogen und den Menschen am sechsten Tag erschaffen hatte. Der Literatur der Kirchenväter, mit der Petrarca vertraut war, kann ferner entnommen werden, daß Christus an einem sechsten Tag geboren wurde. Selbst die Kreuzigung Christi am ersten Karfreitag sollte an einem sechsten April erfolgt sein. Die Bedeutung der Sechs, die als Symbolzahl für den Tod des alten sowie die Geburt und Schöpfung des neuen Menschen stand, hat Petrarca zusätzlich mit dem Hinweis auf die erste Stunde des Tages unterstrichen, die im Rahmen der kanonischen Stunden für die Passion und als erste Morgenstunde (nach heutigem Verständnis: acht Uhr morgens) zugleich für einen Neubeginn steht. Auch für die Dauer seiner Liebe zu Laura hat sich Petrarca 1348 der durch Augustinus gestützten Zahlensymbolik bedient. Die einundzwanzig Jahre sind drei mal sieben Jahre, wobei die Sieben nach Augustinus als Symbol für «alle Wollust dieses Zeitalters»[84] steht. Zugleich verweist die Dreiteilung auf die – nach römischem Verständnis – sieben Jahre von Petrarcas Jugend, in der er nach eigenen Angaben im *Brief an die Nachwelt* fehlgeleitet wurde, sowie die zwei mal sieben Jahre seiner Zeit als Heranwachsender, die er als Periode der Verderbnis ansah.[85]

In der Komplexität dieser Konstruktion erweist sich die Liebe zu Laura als Schilderung eines zweifachen Neubeginns: als Beginn eines neuen Lebensabschnittes im Zeichen der Liebe am 6. April 1327 und als ein Heraustreten aus dieser Phase der irdischen Liebe am 6. April 1348. Die Liebe zu Laura erweist sich so gesehen als ein Medium, mit dem Petrarca einen Abschnitt seines Lebens, den er mit dem Tod Lauras 1348 als beendet ansieht, in symbolischer und allegorischer Weise schildert. Laura erscheint, wie von Giacomo Colonna vermutet, als ein schöner Name, der von Petrarca zum Zwecke raffinierter Dichtung erfunden wurde.

Auch wenn Petrarca dies entschieden von sich wies, hat er doch mit seinen Gedichten dem Verdacht immer wieder Nahrung gegeben. Mit weiteren Paranomasien – der Verwendung von klangähnlichen, von Ursprung und Bedeutung her jedoch unterschiedenen Wörtern – hat er sein System von Gedanken und Assoziationen um Laura kontinuierlich erweitert und verfeinert. Neben dem *lauro* finden sich so auch *l'auro* und *laureo* (Gold, golden), *l'aura* (der Lufthauch) und *l'aurora* (die Morgenröte). Aufgrund dessen haben sich viele Zeitgenossen Petrarcas die Frage nach der wirklichen Existenz von Laura gar nicht erst gestellt und kamen zu dem Schluß, daß Petrarcas Gedichte symbolisch zu lesen seien. So hat auch Giovanni Boccaccio in seiner Lebensbeschreibung von Francesco Petrarca aus fester Überzeugung geschrieben: «Auch wenn er [Petrarca] in zahlreichen volkssprachlichen, glänzend geschriebenen Gedichten erklärte, mit großer Leidenschaft eine gewisse Lauretta geliebt zu haben, dann steht das meiner Auffassung nicht entgegen, denn ich glaube, wie ich meinesteils und mit guten Gründen annehme, daß

Der lorbeerbekränzte Francesco Petrarca und Laura. Miniatur aus einer Handschrift des «Canzoniere» und der «Trionfi», um 1450. Baltimore/Maryland, The Walters Art Gallery, MS W. 410 f. 9

jene Lauretta allegorisch für die Lorbeerkrone steht, die er später erhielt.»[86] Zu den «guten Gründen» hat Boccaccio keine Ausführungen gemacht. Zwei «Gründe» waren für Petrarcas Freunde allerdings dazu angetan, Beteuerungen im Hinblick auf seine unbändige, keusche Liebe zu Laura etwas abgeklärter zu betrachten. Dem sittsamen Dichter wurden zwei Kinder geboren, Giovanni (1337) und Francesca (1342): Früchte einer offensichtlich unpoetischen Beziehung zu einer Frau aus Avignon. Petrarca hat die Mutter seiner Kinder nie auch nur erwähnt.

Neben den Versen über seine Liebe zu Laura und diversen Gelegenheitsgedichten hat Petrarca gegen Ende der dreißiger Jahre noch ein umfangreicheres volkssprachliches Werk begonnen: die *Trionfi* (*Triumphe*), eine allegorisch-didaktische Dichtung in Terzinen. Wie Petrarca seinem Freund Giovanni Boccaccio rückblickend in einem Brief mitteilt, waren für ihn die Möglichkeiten, gerade in der Volkssprache noch Neues leisten zu können, dafür ausschlaggebend gewesen: *Dieses Schreiben in der Volkssprache, das gerade erfunden worden war, das noch neu war, schien noch große Möglichkeiten der Verbesserung und Entwicklung zu besitzen, nachdem es von so vielen verwüstet und von nur wenigen Landwirten kultiviert worden war. Nun denn, die Hoffnung darauf hat mich so angezogen, und zugleich trieb mich der Stachel der Jugend voran, daß ich ein großes Werk in diesem Stil in Angriff nahm.*[87] Als zusätzliches Stimulans wirkte für Petrarca die Beschäftigung mit dem «Roman de la Rose» von Guillaume de Lorris (ca. 1210–1240) und Jean de Meung (ca. 1240–1305). In einer Versepistel[88] erklärte er, worin für ihn die Schwäche des überaus erfolgreichen «Rosenromans» (und der französischen Literatur fast generell) und worin demgegenüber für ihn die Überlegenheit der lateinischen und italienischen Dichtung bestand. Der «Rosenroman», in dem in über zweiundzwanzigtausend Versen mit den Stilmitteln der Traumallegorie die verwickelte Suche nach einer Rose als dem Symbol der Liebe geschildert wird, erscheint Petrarca als ein mit Allegorien überladenes, inhaltlich vages, ausuferndes Werk, dem er die maßvolle, präzise und klar ausgeprägte italienische Wortkunst gegenüberstellt. Den Autoren des «Roman de la Rose» war es nach Petrarcas Ansicht nicht gelungen, sich aus der Traumbefangenheit zu lösen, so daß das von ihnen behandelte Thema von der Liebe und ihren Wirkungen noch einer adäquaten Darstellung harrte.

Eben dieses Thema machte Petrarca zum ersten Gegenstand seiner *Trionfi*. Dabei hat ihm Anfang der vierziger Jahre das Werk

Francesco Petrarca: Trionfi: Triumph von Venus und Amor mit Paris und Helena, Pyramus und Thisbe und anderen Liebespaaren. Französische Buchmalerei des Maître François, zweite Hälfte des 15. Jahrhunderts. München, Bayerische Staatsbibliothek, Cod. gall. 14, 1a v.

noch nicht in seinen sechs Teilen vor Augen gestanden, die es schließlich aufweisen sollte. 1340 hat er nur die Grundlagen zum ersten *Triumph* gelegt, den er wie alle seine Werke im Lauf seines Lebens noch mehrmals überarbeiten sollte.

Wie im «Rosenroman» erzählt Petrarca in den vier Kapiteln des *Triumphs der Liebe* von einer Traumvision. Sein Traum ist historisch konkreter und schärfer gezeichnet als jener der Autoren des französischen Versromans: Petrarca wohnt auf dem Kapitol in Rom einem Triumphzug bei, der für Cupido ausgerichtet wird und dessen Beschreibung die vier Kapitel des *Triumphs* einnimmt. In dem Zug werden – als Gefangene Cupidos – Verliebte mitgeführt. Petrarca erkennt keinen von ihnen, bis ein nicht mit Namen ausgewiesener Führer neben ihn tritt und sie ihm einzeln vorstellt. Es sind historische, legendäre und mythische Gestalten der Antike. Mit David und Samson sind auch zwei biblische Gestalten, mit Lancelot und Ginevra, Tristan und Isolde, Paolo und Francesca berühmte Verliebte des Mittelalters unter den Gefangenen Cupidos auszumachen. Petrarca, der bis dahin nur Beobachter war, entdeckt nun Laura, die wie er außerhalb des Zuges steht. Er verliebt sich in sie und reiht sich deshalb in die Gruppe der Gefangenen Cupidos ein. Er stellt bald fest, daß er sich als Dichter in illustrer Gesellschaft befindet, denn mit ihm ziehen berühmte Dichter des Altertums und der näheren Vergangenheit.

Mehr noch als die durch die Traumsituation und die Liebesthematik gegebene Verbindung zum «Rosenroman» können (einmal abgesehen von gelegentlichen sprachlichen Anklängen und der Verwendung von Dantes Reimschema) gestalterische Momente des *Triumphs der Liebe* dazu Anlaß geben, Verbindungslinien zu Dantes «Göttlicher Komödie» zu ziehen: die Wahl eines erklärenden Führers, der Petrarca (wie der Dichter Vergil Dante in der «Komödie») auf seiner Traumreise begleitet sowie die Abwechslung von Namensreihen und episodischen Schilderungen von Einzelschicksalen. Als junger, nach Originalität trachtender Dichter hat Petrarca Ähnlichkeiten mit Dantes Werk, mochten sie sich auch vereinzelt einstellen, möglichst zu vermeiden gesucht und Eigenständigkeit angestrebt. Seinem Freund Boccaccio hat er in späteren Jahren erklärt, daß er als junger Dichter sehr darum bemüht war, sich von seinem großen Vorgänger Dante, *jenem*, wie er unumwunden anerkannte, *Fürsten unserer Volkssprache*, sowenig wie möglich beeinflussen zu lassen: *Auch ich*, schreibt er Boccaccio, *übte damals in meinem Bemühen um diesen Stil, meinen Geist darin, mich in der*

Volkssprache auszudrücken. Nichts schätzte ich höher ein, und ich hatte auch noch nicht gelernt, Edleres zu erstreben; ich fürchtete jedoch, ich könnte, wenn ich die Werke von diesem [Dante] oder einem anderen ganz in mich aufgenommen hätte, in Anbetracht der Biegsamkeit und Bewunderungsbereitschaft dieses Alters, ohne es zu wollen oder zu bemerken, zum Nachahmer werden.[89] Deshalb, führt Petrarca weiter aus, habe er die Lektüre der Werke des großen Dichters lange Zeit zurückgestellt.

Bald schon sollten sich Petrarcas Interessen aber ohnehin verlagern, so daß er schließlich schreiben konnte: *Was jenem [Dante] als ein vielleicht nicht einzigartiges aber doch allerhöchstes Kunstwirken erschien, war für mich ein Scherz und eine Beschäftigung, in der ich Trost fand, eine Vorschule des Geistes.*[90] Petrarca hatte sich im Laufe der Jahre von den Möglichkeiten überzeugen können, daß in der lateinischen Sprache durchaus Neues und Originelles zu leisten möglich war: Mit seinen Versepisteln, seinen Lebensbeschreibungen berühmter Männer und vor allem mit den ersten Gesängen seines Epos *Africa* war er bereits auf dem Weg zu neuen Ufern.

Poeta laureatus

Bei aller arbeitsamen Zurückgezogenheit Petrarcas in der Idylle seines kleinen Hauses in Vaucluse – seine Stimme als Dichter und Historiker blieb nicht ungehört. Diesen Eindruck vermittelt zumindest ein Brief, den Petrarca im Herbst 1340 aus Vaucluse an Kardinal Giovanni Colonna nach Avignon schickte. In ihm berichtet er seinem Dienstherrn, daß er am selben Tage zwei Einladungen erhalten habe, zum Dichter gekrönt zu werden: die eine vom römischen Senat, die andere von der Universität Paris.[91] Petrarca zeigte sich von den Einladungen höchst überrascht, auch wenn er sehr wohl um seinen Wert als Dichter und Historiker wußte. Denn was konnte den Ausschlag gegeben haben, daß ihm gleich von zwei Seiten die Dichterkrönung angeboten wurde? Seine etwas über hundert italienischen Gedichte dürften am wenigsten dazu beigetragen haben, denn er sollte als Dichter im klassischen Sinne gekrönt werden; seine Sammlung von Lebensbeschreibungen war noch nicht vollendet, und die Gesänge der *Africa* hielt er unter Verschluß. Allenfalls die fünfzehn lateinischen *Versepisteln*, die für seine Zeit etwas Neues darstellten und die Petrarca an bekannte und einflußreiche

Francesco Petrarca. Kupferstich von E. de Boulonois
aus: I.A. Bullart, Académie des Sciences et des Arts,
Band 2: Illustres Poètes. Amsterdam 1682

Persönlichkeiten verschickt hatte, waren dazu angetan, ihn als potentiellen «poeta laureatus» ins Gespräch zu bringen. Letztlich aber dürfte es Petrarca selbst gewesen sein, der den Gedanken an eine Dichterkrönung aufgebracht hat. Wie er später eingestanden hat, beschäftigte ihn die Verleihung eines Lorbeers als Preis für die Dichter *von Kindheit an*[92]. Petrarca kannte die öffentlichen Auszeichnungen von Dichtern im Altertum vermutlich aus dem Unterricht bei Convenevole da Prato. Zudem konnte er von einer Dichterkrönung gehört haben, bei der im Dezember 1315 in Padua der Dichter, Historiker und Staatsmann Albertino Mussato für eine lateinische Tragödie ausgezeichnet worden war. Mit diesen Kenntnissen konnte Petrarca seinen Bekannten, Gönnern und Freunden mit seiner *Begierde nach dem Delphischen Lorbeer*, die ihm, wie er Giacomo Colonna schrieb, *durchaus einige Nächte lang den Schlaf raubte*[93], beharrlich in den Ohren liegen. Und offensichtlich gleich mit doppeltem Erfolg.

Petrarca entschied sich angesichts der zwei Angebote für Rom. Und schon frühzeitig hat er keinen Zweifel daran aufkommen lassen, von wem er gekrönt werden wollte: von Robert von Anjou, König von Sizilien, der in Neapel residierte und den er überaus schätzte. *Robert*, schreibt er in seinem *Brief an die Nachwelt*, *war ein Regent, der nicht weniger aufgrund seiner Bildung als wegen seiner Herrschaft berühmt war [...] der einzige König, der zu unserer Zeit sowohl ein Freund der Wissenschaften als auch der Tugenden war.*[94] König Robert verfaßte selbst Gedichte und verkehrte mit Gelehrten, denen er gerne seine eigene, für jene Zeit sehr gut sortierte Bibliothek zur Verfügung stellte.

Petrarca reiste also im Februar 1341 zunächst nach Neapel, um sich dort vor der Krönung in Rom einer angemessenen Prüfung zu unterziehen. Während des Monats, den Petrarca in Neapel blieb, unternahm König Robert mit ihm ausgedehnte Spaziergänge und Ausritte. Dabei diskutierte er mit dem jungen, ambitionierten Gelehrten und Dichter über das Geschichtswerk des Livius und den allegorischen Sinn der Dichtung, besonders der «Aeneis» des Vergil. Petrarca las ihm bei einer Gelegenheit auch Teile aus seinem Epos *Africa* vor, das er König Robert auf dessen Wunsch hin widmete.

In der Dichterprüfung selbst behandelten König Robert und Petrarca die Wahl der Thematik von Gedichten, die unterschiedlichen Ansätze und Ziele von Dichtern und die Dichterkrönungen im Altertum. *Nachdem er*, resümiert Petrarca, *auf diese Weise während dreier Tage meine Unwissenheit unter die Lupe genommen hatte, erklärte er mich am dritten des Lorbeers für würdig.*[95] Die Aufgabe der Krönung übertrug Robert allerdings einem seiner führenden Beamten, Giovanni Barrili, der wie Petrarca nach Rom reisen sollte.

Ursprünglich war geplant, daß die Dichterkrönung umgehend nach Petrarcas Ankunft Anfang April in Rom stattfinden sollte, doch es stellten sich Probleme ein. Giovanni Barrili war auf dem Weg nach Rom überfallen worden und konnte deshalb die Krönung nicht vornehmen. Nach einigen Beratungen hat sich Orso dell'An-

König Robert von Sizilien. Miniatur aus einer Botschaft der Stadt Prato an den König, um 1335. London, British Library

guillara, den Petrarca bereits aus Capranica kannte, bereit erklärt, an seinem letzten Dienstag als römischer Senator die Dichterkrönung vorzunehmen – im Empfangssaal des Senatspalastes auf dem römischen Kapitol. Petrarca berichtet von der Feierlichkeit in einem Brief an Barbato da Sulmona, den er am Hof von König Robert kennengelernt hatte: *An den Iden des April [8. April], im Jahre 1341 dieses letzten Zeitalters, ist auf dem römischen Kapitol unter großem Zulauf des Volkes und mit ungeheurem Jubel das vollzogen worden, was zwei Tage zuvor der König in Neapel hinsichtlich meiner Person verfügt hatte: Orso dell'Anguillara, Graf und Senator, ein Herr von höchsten Geistesgaben, hat mich mit dem Lorbeer ausgezeichnet, nachdem ich die Zustimmung des Königs erhalten hatte. Es fehlte seine [König Roberts] Hand, jedoch nicht seine Autorität und seine königliche Würde; nicht mir allein, allen war sie gegenwärtig. [...] Es fehlte der großmütige Giovanni, der, vom König dazu bestimmt, hinter Anagni in einen Hinterhalt der Hernier geriet, als er mit bewunderungswürdigem Eifer herbeieilte. Daß er sich hat retten können, freut mich, auch wenn er, erwartet, nicht rechtzeitig hat kommen können.*[96] Den genaueren Ablauf des Festaktes schildert Petrarca in einer *Versepistel* dem glücklich den Banditen entkommenen Giovanni Barrili: *Sofort nach dem Aufruf kamen die Vornehmsten von Rom zusammen und erfüllten das Kapitol mit freudigem Raunen und Feststimmung. Du hättest gedacht, daß die Mauern und das Dach sich mitfreuten! Es erschallten die Trompeten. Die Menge, die gerne dem Ereignis beiwohnen wollte, drängelt heran. Ich selbst habe, wenn ich mich nicht irre, Tränen der Rührung gesehen, die aus den gerührten Herzen der zahlreichen Freunde, die dort versammelt waren, heraufstiegen. Ich steige hinauf. Die Trompeten schweigen und das Raunen legt sich. Der heilige Name des Vergil bildete den Ausgangspunkt meiner Rede, und sie war nicht lang. Das ließ nämlich die Gewohnheit der Dichter nicht zu, und es ist kein geringfügiges Vergehen, die Sitten der heiligen Musen zu verletzen, die ich, nachdem ich sie, dem Gipfel des Parnaß entrissen, gezwungen habe, eine Zeit lang in den Städten und inmitten des Volkes zu wohnen. Nach mir hat Orso dell'Anguillara gesprochen, ein äußerst fähiger Redner. Schließlich hat er mir hier das Delphische Gewinde aufgesetzt, während alle umstehenden Italer Beifall spendeten. Daraufhin hat der alte Stefano Colonna, den das Glück schon zu unseren Zeiten zum ehrenwertesten unter allen Zeitgenossen in Rom machte, mich mit großen Lobesworten überhäuft.*[97]

Die Rede, die Petrarca vor der Festgemeinde hielt, war von ihm schon in Vaucluse geschrieben worden. Mit ihr hatte er sich auch auf

Das Kapitol in Rom. In der Mitte der Senatspalast. Zeichnung, um 1442. Paris, Musée du Louvre

die Prüfungen in Neapel vorbereitet. Die Themen, die er in ihr ansprach, waren Gegenstand der Gespräche mit König Robert gewesen: die Inspiration zum Dichten, der allegorische Sinn der Dichtung und die Bedeutung von Dichterehrungen.

Das «Privilegium laureationis» («Krönungsprivileg»), das Petrarca während der Zeremonie auf dem Kapitol überreicht wurde, deckte sich wiederum in vielen Punkten mit Petrarcas Rede. Vermutlich hatte Giovanni Barrili die Originalurkunde König Roberts mit sich geführt, die wegen seines Ausbleibens in Eile neu ausgefertigt werden mußte. Vor allem im ersten Teil der Urkunde, in dem von Wesen und Wert der Dichtung die Rede ist, kam es dabei zu zahlreichen wörtlichen Übernahmen. Im zweiten Teil des Dokuments wurden Petrarcas Qualifikationen als Dichter und Historiker herausgestellt. Sie bildeten die Begründung für die im dritten Teil niedergelegten Privilegien. Petrarca wurde darin zum «großen Dichter und Historiker» erklärt und mit dem Magistertitel ausgezeichnet. Ferner erhielt er die Erlaubnis, «für alle Zeiten sowohl in der Kunst der Dichtung als auch in der Kunst der Geschichtsschreibung öffentlich zu lesen und zu disputieren, sowie die Schriften der Alten wie auch seine eigenen neuen Schriften auszulegen und weitere Bücher und Gedichte zu schreiben». Petrarca durfte schließlich als ausgewiesener Dichter selbst andere zu Dichtern krönen. Daß Petrarca in der Urkunde außerdem den Professoren der Freien (literarischen) Künste an den Universitäten gleichgestellt wurde, kann als Indiz dafür genommen werden, daß es sich bei seiner Dichterkrönung (wie auch bei der von Albertino Mussato sechsundzwanzig Jahre zuvor) um eine universitäre Auszeichnung handelte. Auf diese Weise hatte Petrarca mit der prunkvollen Krönung nicht nur einen bloßen Titel erworben. Er hatte auch eine Auszeichnung erhalten, die ihm im Sinn eines universitären Abschlusses die Möglichkeit gab, seiner Tätigkeit als Dichter und Historiker offiziell nachzugehen – ein Umstand, der im Hinblick auf die zahlreichen Fürstenhäuser, die nach Verewigung in Wort und Schrift strebten, für ihn von großer Bedeutung war. Und er war sich dessen bewußt. Mit dem Krönungsakt auf dem Kapitol in Rom hatte er, wie er selbst in seiner Krönungsrede zum Ausdruck brachte, ein Exempel statuiert: *Wie sich manche schämen, den Spuren anderer zu folgen, so gibt es solche (und es sind weit mehr), die fürchten, einen schwierigen Weg ohne einen sicheren Führer einzuschlagen. Ich kenne viele von solchen Leuten, und vor allem in Italien: Menschen reich an Bildung und Geist, ihren eigenen Studien hingegeben, die mit Wissenshunger dieselben Ziele erstreben, und dennoch fortwährend zögern. […] Und so habe ich, vielleicht mit Kühnheit, aber, wie ich glaube, nicht mit bösen Absichten, angesichts der Tatsache, daß sich die anderen zurückziehen, nicht davor zurückgeschreckt, mich auf einem so anstrengenden und für mich sicher gefahrvollen Weg als Führer anzubieten, und mir werden sicher viele folgen.*[98] – Petrarca sah sich als *Führer*, Vorbild und Beispiel. Das Moment des Beispielhaften, das in seinen ersten Werken, in *De viris illustribus* und in dem Epos *Africa* im Mittelpunkt gestanden hatte, beanspruchte Petrarca nun für seine Person. Er war mit der Krönung 1341 zum erstenmal selbst zum Beispiel geworden, und er sollte von nun an diesem Aspekt in seinem Leben besondere Aufmerksamkeit schenken.

Auf neuen Wegen

Zwischen Italien und Frankreich

Wozu soviel Aufhebens um ein bißchen Laubwerk? Die Frage konnte nicht ausbleiben. Giacomo Colonna, der Petrarca schon mit seinem Laura-Kult aufgezogen hatte, konnte es sich abermals nicht verkneifen, kritisch in den ehrgeizigen Dichter zu dringen. Petrarca hat ihm noch vor seiner Abreise nach Neapel geantwortet: *Du fragst: Warum diese Arbeit, warum diese Anstrengung, warum dieses Bemühen, und ob die Auszeichnung mit dem Lorbeer gelehrter, ob sie besser macht? Bekannter macht sie vielleicht, und setzt einen mehr dem Neid aus. – Wenn wirklich der Geist der Sitz der Weisheit und der Tugend ist, dann nisten diese nicht zwischen den Blättern der Bäume wie die Vögel: «Wozu also dieses Gebinde aus Laubwerk?» Was ich antworte, fragst Du. Was anderes, denkst Du, könnte ich vorbringen, als den Spruch jenes Weisen der Hebräer: «Nichtigkeiten, Nichtigkeiten, das alles sind Nichtigkeiten»? – Aber*, fügte er hinzu, *so sind eben die Menschen.*[99] Und daher brachten Petrarca die *Nichtigkeiten* auch letztlich mehr Vor- als Nachteile. Er selbst hat später festgestellt: *Die Auszeichnung mit dem Lorbeer verlieh mir einen Namen, bescherte mir Ruhm und Reichtum.*[100] Und dadurch, wäre noch zu ergänzen, auch stärkeres Selbstbewußtsein und größere Unabhängigkeit.

Petrarca stand zwar weiterhin im Dienst der Colonna, aber als bekanntem «poeta laureatus» wurde ihm nun auch von anderen einflußreichen Familien Interesse entgegengebracht. Er war nur allzu bereit, auf ihre Offerten einzugehen, wenn sie ihm Vorteile brachten, denn die Colonna ließen ihm offensichtlich freie Hand.

Als Petrarca kurz nach seiner Dichterkrönung in Rom von Azzo da Correggio das Angebot unterbreitet bekam, einige Zeit in Parma zu verbringen, wo die Correggio herrschten, nahm er dankend an. Er setzte Kardinal Giovanni Colonna von seinem Vorhaben in einem Brief selbstbewußt wie von einer bereits zwischen ihnen getroffenen Übereinkunft in Kenntnis. Und er machte deutlich, wie er künftig die Schwerpunkte in seinem Leben zu setzen gedachte: *Ich finde keinen Gefallen am Lärm der Städte, sondern an der Stille der Wälder; ich bin nicht geboren für die Angelegenheiten von Gesetzen und Kriegen, sondern für Einsamkeit und Ruhe.*[101]

Ruhe sollte Petrarca in Parma während des nächsten dreiviertel Jahres zur Genüge finden. Von den Correggio bekam er zunächst das Kastell von Guardasone, südlich der Stadt, zugewiesen. Und einige Monate später konnte er ein Haus am nördlichen Stadtrand von Parma beziehen.

Beide Wohnstätten haben es Petrarca sofort angetan, denn sie stellten für ihn wie Vaucluse Orte des Rückzugs vor dem unruhigen Treiben in den Städten dar. In der ländlichen Abgeschiedenheit des Kastells von Guardasone war es auch, wo Petrarca zum zweitenmal zu seinem Epos *Africa* inspiriert wurde. *Eines Tages, als ich auf einem Hügel spazierenging, in Gedanken über die erhaltene Ehrung und in Sorgen darüber, ob sie mir nicht unberechtigterweise zugeteilt worden sein könnte, ging ich weiter in den Wald von Selvapiana, jenseits des Flusses Enza, in das Gebiet von Reggio hinein: Plötzlich ergriffen von dem Anblick des Ortes, entschloß ich mich, die Feder wieder der unterbrochenen «Africa» zuzuwenden. Und mit erregtem Sinn, der schon eingeschlafen schien, schrieb ich an demselben Tag noch einiges. Nachdem ich so fortfuhr, täglich etwas schriftlich festzuhalten […] habe ich «Africa» mit einem derartigen Feuereifer in kurzer Zeit zu Ende geführt, daß ich mich heute noch darüber wundere.*[102]

Es war also nicht die unmittelbare Erfahrung der Natur allein, die Petrarca die Eingebung zu der erneuten Beschäftigung mit seinem Epos wie einstmals in Vaucluse bescherte. Mehr noch sah er sich gezwungen, dem Anspruch an einen gekrönten Dichter gerecht zu werden. Wie in seiner Krönungsrede erklärte er daher auch in seinem Epos noch einmal, worin für ihn die Besonderheit von epischem Dichten lag: *Bevor der Dichter zu schreiben beginnt, muß er äußerst stabile Fundamente aus der Wahrheit legen, auf die gestützt er das zu Schreibende dann in einer gefälligen und verschiedengestaltigen Wolke verbergen kann, womit er dem Leser eine zugleich lange und angenehme Mühe bereitet, so daß der Gedanke auf diese Weise schwieriger aufzuspüren, aber, einmal gefunden, süßer ist.*[103] Mit anderen Worten: Petrarca war darum bemüht, die historischen Fakten nicht bloß um der Formulierungen und Einfälle willen in schöne Worte zu kleiden. Vielmehr wollte er gerade durch die bewußte poetisch-ausmalende und mitunter verschleiernde Darstellung seine Gedanken intensiver zum Ausdruck bringen.

Im Mittelpunkt des fünften Gesangs steht so die unglückliche Liebe des mit den Römern verbündeten Numiderkönigs Massinissa zur Karthagerin Sophonisba, der die Geliebte mit ihrem Freitod ein Ende setzt: Eine Liebesbeziehung, anhand derer Petrarca (ähnlich dem Verhältnis zwischen Dido und Aeneas bei Vergil) den Konflikt zwischen der Liebe zu einem Menschen und der Verpflichtung gegenüber einem politischen Verbündeten dramatisch ausgestalten kann. Im sechsten Gesang schildert Petrarca das Doppelspiel der Karthager, die Friedensunterhändler zu Scipio schicken, aber zugleich Hannibal und seinen Bruder Mago aus Italien nach Karthago zurückholen. Mago stirbt auf der Seereise an einer Verletzung, die er sich in einem Kampf zugezogen hatte, und hebt sterbend zu einer Klage über die Vergänglichkeit der Dinge in der Welt und des menschlichen Lebens an. Die beiden folgenden Gesänge der *Africa* prägen Kampfszenen zwischen Karthagern und Römern in der entscheidenden Schlacht von Zama, der eine Begegnung zwischen Scipio und Hannibal vorausgeht. Petrarca gibt dies die Gelegenheit, den Großmut Scipios selbst gegenüber seinen Feinden herauszustellen. Nachdem die Schlacht für die Römer erfolgreich ausgegangen ist, schildert Petrarca im neunten Gesang die Überfahrt Scipios von Karthago nach Rom. Scipio wird dabei von dem Dichter Ennius begleitet, der ihm in einer Prophetie die künftigen Dichter der Geschichte Roms vorstellt. Zu ihnen, berichtet Ennius, werde auch ein Dichter zählen, der von Scipios Taten künde und der der Lorbeerkrone für würdig befunden werde.

Die Antwort auf die Frage, ob er den Dichterlorbeer auch wirklich verdient habe, die Frage, die ihn in Selvapiana umgetrieben hatte, konnte Petrarca trotz all seiner lorbeerbekränzten Poeteneitelkeit Ennius schlecht in den Mund legen. Und die Frage mußte für Petrarcas Zeitgenossen auch bis auf weiteres offenbleiben, denn der «poeta laureatus» hielt sein episches Meisterstück, das er vielfach ankündigte und über das er gerne redete, beharrlich unter Verschluß. Nur einzelne Passagen des Werks hat Petrarca wenigen Auserwählten wie König Robert und dem neapolitanischen Gelehrten Barbato da Sulmona vorgelesen. Und nur der Indiskretion von Barbato war es schließlich zuzuschreiben, daß die Schlußpassage des sechsten Gesangs der *Africa*, die Klage des sterbenden Mago, als einziger Auszug aus dem Epos noch zu Petrarcas Lebzeiten weiteren Kreisen der Gelehrtenwelt bekanntgeworden ist. Aber schon die Veröffentlichung dieser nur sechsundzwanzig Hexameter war Petrarca höchst unangenehm. Sie lösten heftige Kritik aus und riefen ihm die zahlreichen sprachlichen und konzeptionellen Unzulänglichkeiten des Werks und seine auffällige Nähe zu seinem Vorbild, Vergils «Aeneis», ins Bewußtsein.[104] Petrarca hätte sein Epos gern überarbeitet, doch von dem dazu erforderlichen Eifer, der ihn in Selvapiana ergriffen hatte, sollte er nicht mehr gepackt werden. Nach mehrmaligen Anläufen hat Petrarca sein Epos unvollendet, wie es war, schließlich in den sechziger Jahren beiseite gelegt.

Als Petrarca nach einem arbeitsreichen Jahr in Parma im Frühjahr 1342 nach Avignon zurückkehrte, lag Papst Benedikt XII. im Sterben. Petrarca hatte schon seit langem die Hoffnung aufgegeben, noch während dieses Pontifikats die Kurie wieder nach Rom übersiedeln zu sehen. Schließlich war unter Papst Benedikt mit dem Bau des Papstpalastes in Avignon begonnen worden – ein nur allzu deutliches Signal, daß sich an dem Status quo in der Stadt an der Rhône so bald nichts ändern sollte.

Um so größer waren die Hoffnungen, die Petrarca in den neuen Papst, Clemens VI., setzte, der Anfang Mai 1342 den Stuhl Petri einnahm. Zunächst waren die persönlichen Erfahrungen Petrarcas mit dem neuen Kirchenoberhaupt äußerst positiv. Schon wenige Tage nach dem Amtsantritt des Papstes erhielt Petrarca von ihm durch Vermittlung von Kardinal Giovanni Colonna ein nicht mit Residenzpflicht verbundenes Kanonikat am Dom von Pisa zugesprochen. Mit anderen Worten: Er erhielt eine kirchliche Stelle, die ihn zu keiner Tätigkeit in Pisa verpflichtete, wenngleich er die damit verbundenen Geldzahlungen erhielt. Ein weiteres lukratives sogenanntes Benefizium in der Nähe von Pisa dagegen ging ihm in einem Rechtsstreit mit einem anderen Anwärter verloren. Petrarca hatte dafür nur einen kurzen Kommentar übrig: *Meine Armut, die mir weder lästig noch schimpflich ist, aber von mehr Menschen beneidet wird, als mir lieb ist, reicht mir hin. Wenn sie gut zu mir paßt, dann bin ich, wie Seneca meinte, reich.*[105] Diese Bemerkung mochte Petrarca aus Bitterkeit über den verlorenen Rechtsstreit gemacht haben, denn er hatte durch Zuwendungen der Colonna und anderer Familien wie der Correggio in Parma kein allzu schlechtes Auskommen. Allerdings befand er sich dadurch stets in Abhängigkeit, die ihm mitunter unliebsame Zugeständnisse abforderte.

Eine Verpflichtung gegenüber den Colonna war auch Petrarcas Aufenthalt in Avignon, der zunächst noch bis zum Frühherbst des Jahres 1342 dauern sollte. Petrarcas Studien und seinen literarischen

Der Papstpalast in Avignon

Arbeiten war die Stadt nicht zuträglich. Wie könne man von ihm erwarten, fragt Petrarca ironisch in einer Versepistel, daß er in der lärmenden, von Menschen überfüllten Stadt Verse schreibe[106], denn: *Der Wald gefällt den Musen, die Stadt ist Feindin der Dichtung.*[107]

Trotzdem hat Petrarca nicht darauf verzichtet, in Avignon schon bald eine umfangreiche Versepistel an Papst Clemens zu schreiben, in der er ihn aufforderte, die Kurie nach Rom zurückzuverlegen. Doch Clemens VI. entschied sich für einen Verbleib in Avignon.

Petrarcas positivem Verhältnis zum Papst tat dies keinen Abbruch. Und so unternahm er für ihn und Kardinal Giovanni im September 1342 eine Reise als Gesandter nach Neapel. Seine Aufgabe war es, die Begnadigung von vier Brüdern aus dem Geschlecht der Pipino, der Herzöge von Altamura, zu bewirken. Sie waren im Kampf gegen eine mit ihnen verfeindete Familie gefangengenommen worden. Giovanni Colonna und Papst Clemens machten sich Hoffnung auf einen Erfolg der Gesandtschaft, denn Petrarcas gute Beziehungen zum Hof von Neapel waren bekannt.

Da König Robert aber gestorben war, war für Petrarca die Aufgabe nicht so leicht wie erwartet. Die Regentschaft von Johanna, der jungen Tochter des verstorbenen Königs, war keineswegs als sicher anzusehen. Am Hof von Neapel herrschten, wie Petrarca Kardinal Giovanni in einem Schreiben berichtet, unklare Verhältnisse. Und die Entscheidung in der Angelegenheit der Brüder Pipino ließ auf sich warten. Petrarca nutzte die Gelegenheit, um alte Bekanntschaften in Neapel aufzufrischen und einige Ausflüge in die Umgebung der Stadt zu unternehmen. Mit einigen seiner gelehrten Freunde besuchte er auch eine Reihe von Vergil-Gedenkstätten in Süditalien, wie das Grab des Dichters und die Höhle der Sibylle von Cumae.

Nicht weniger als diese Orte, die ihm aus der römischen Literatur bestens vertraut waren, beeindruckte Petrarca ein Naturereignis, das er in der Nacht vom 24. zum 25. November 1343 in Neapel erlebte: ein veheerendes Seebeben, das zwar ihn in der Sicherheit seiner Unterkunft im Franziskanerkloster von Neapel nicht in Mitleidenschaft zog, dessen entsetzliche Folgen er aber am Morgen des 25. November zu Gesicht bekam. Angesichts der zerfetzten Leichen von Seeleuten und der zerstörten Häuser stand für Petrarca auf jeden Fall eines fest: *Ich werde die Luft den Vögeln lassen und die See den Fischen; als ein Erdentier werde ich Landreisen den Vorzug geben.*[108]

Grab des Vergil bei Neapel

Die nächste Landreise sollte Petrarca auch schon bald antreten, denn er mußte feststellen, daß in der Angelegenheit der Pipino in Neapel offensichtlich keine Entscheidungen getroffen wurden. Alles Warten schien ihm vergebens. Außerdem war ihm der Aufenthalt in Neapel zunehmend lästig. *Auch wenn die Stadt aus vielen Gründen berühmt ist*, erklärt er Kardinal Giovanni Colonna, *so birgt sie doch ein besonders dunkles, abstoßendes und fest eingewurzeltes Übel: Sich nachts in der Stadt zu bewegen, ist wie in finsteren Wäldern eine mißliche Sache und voll von Gefahren, denn die Straßen werden von bewaffneten jungen Adeligen belagert, deren Zügellosigkeit weder durch die Strenge ihrer Eltern noch durch die Autorität ihrer Lehrer oder etwa durch die Majestät und Befehlsgewalt von Königen unter Kontrolle gebracht werden kann. Aber ist es ein Wunder, daß sie im Schutz der Dunkelheit ohne Zeugen leichtfertig Wagnisse eingehen, wenn in dieser italienischen Stadt unter den Augen der Königsfamilie und des Volkes verwerfliche Gladiatorenkämpfe von einer Wildheit zugelassen werden, die größer ist, als die, die wir gewöhnlich mit den Barbaren in Verbindung bringen? Hier fließt menschliches Blut wie das Blut von Schlachtvieh.*[109] Für Petrarca gab es daher nur eine Konsequenz: Neapel, das Vergil einst als die lieblichste Stadt bezeichnet hatte und das nun nicht wiederzuerkennen war, so schnell wie möglich zu verlassen. *«Ach flieh' dies grausame Land, flieh' der Gierigen Ufer»*, zitiert er einen Vers Vergils, der auf die Thuszier gemünzt war[110], und bemerkt dazu: *Ich nehme für mich an, daß dies über diese Stadt gesagt wurde, und werde, auch wenn meine Aufgabe hier unerfüllt bleiben wird, […] zuerst nach Norditalien und dann nach Südfrankreich entfliehen.*[111]

Als Petrarca die Stadt Mitte Dezember verließ, war damit seine Mission erfolglos geblieben. Die Begnadigung der Pipino wurde kurz nach seiner Abreise verworfen.

Petrarca kehrte nicht sofort nach Avignon zurück, sondern reiste nach Parma, wo er sich für einige Zeit zurückziehen wollte. Er hatte vor, sich nochmals mit seinem Epos *Africa* zu befassen und einige Zeit auf ein neues Werk zu verwenden, auf die *Rerum memorandarum libri* (*Bücher über zu erinnernde Dinge*).

Petrarca verfolgt mit diesem vier Bücher umfassenden Werk die Absicht, über die Tugenden zu unterrichten: nicht theoretisch, sondern anhand von Beispielen, durch die deutlich werden sollte, wie die Tugenden von Persönlichkeiten des Altertums in Rom und Griechenland sowie von herausragenden Gestalten der jüngeren Vergangenheit praktisch gelebt wurden. Petrarcas Modell waren die

Parma. Französischer Kupferstich, um 1700

«Denkwürdige Taten und Aussprüche» des Valerius Maximus aus dem 1. Jahrhundert nach Christus. Wie Valerius ordnet er seine Beispiele nach thematischen Gesichtspunkten und stellt innerhalb der so gewonnenen Abschnitte die römischen, «fremden» (meist griechischen) und modernen Exempla zusammen.

Das erste Buch dient Petrarca als Einleitung in den Komplex der Beispielsammlung. Er zeigt darin auf, daß Muße und Einsamkeit Grundvoraussetzungen für den Erwerb von Bildung (und damit auch für die Aneignung der Tugenden) sind. Man müsse Muße nur richtig verstehen: *Es gibt zwei Arten von Muße: die Freundin des Schlafs und der Untätigkeit, der manche lichtscheu nachhängen, die ihre Häuser als Grabstätten benutzen und sich in ihnen bei lebendigem Leibe eingraben, die sich nichts anderes als des Müßiggangs rühmen, was nicht nur für einen Literaten, sondern auch für einen Mann im allgemeinen verwerflich ist, und was ich als der Erinnerung unwürdig übergehe; ich werde mich mit jener anderen Muße beschäftigen, die weniger aus Haß wider die Stadt als aus Liebe zur Bildung und den Tugenden besteht.*[112] Und in der Tat stellten ja bereits die

Petrarca in der Studierstube. Zeichnung im Petrarca-Kodex «De viris illustribus». Als Vorlage diente Altichieros Fresko in der Sala dei Giganti im Palazzo del Capitano in Padua, das Francesco da Carrara in Auftrag gegeben hatte. Darmstadt, Hessische Landes- und Hochschulbibliothek, Hs 101, fol. 1v

Beispiele, die Petrarca in sein Werk aufgenommen hatte, die Frucht der Lektüre während seiner eigenen Mußestunden dar.

Zur inhaltlichen Gliederung der drei folgenden Bücher der *Rerum memorandarum libri* bedient sich Petrarca einer Definition der Tugenden, die er Ciceros Werk «De inventione» («Über die Erfindung») entnommen hat[113]: «Die Tugend hat vier Teile: die Klugheit, die Gerechtigkeit, die Tapferkeit und die Mäßigung.» Von ihnen behandelt Petrarca in den *Rerum memorandarum libri* allein die Klugheit, die er (ebenfalls wie Cicero) aufgliedert: in *Erinnerung an Vergangenes*, *Intelligenz* als Fähigkeit zur Beurteilung von Gegenwärtigem und *Voraussicht von Zukünftigem*. Auf die *Erinnerung* und auf den Teil der *Intelligenz*, der Sprachkompetenz (Eloquenz, witzige und schlagfertige Antworten) umfaßt, geht er im zweiten Buch ein. Im dritten nimmt er sich der Geschicklichkeit im Umgang mit Menschen sowie der Weisheit an, um schließlich im vierten Buch auf die Themenkreise *Voraussicht und Vermutungen* zu sprechen zu kommen, wobei er Beispiele der unterschiedlichsten Arten von Zukunftsschau anführt.

Bei der Zusammenstellung der Beispiele zu den verschiedenen Themen läßt sich Petrarca von dem Gedanken leiten, seinen Zeitgenossen und den nachfolgenden Generationen das Wissen zu vermitteln, das durch die langen Jahrhunderte verlorengegangen war, die sie von der Blütezeit vor allem Roms trennten. Besonders deutlich spricht er dies in einem Passus aus, in dem er über den Verlust der Bücher klassischer römischer Autoren handelt, ein Umstand, für den er die mangelnde Sorgfalt der Gelehrten vergangener Jahrhunderte und auch noch seiner eigenen Zeit verantwortlich macht. Die Klage darüber erscheint ihm nur allzu berechtigt: *Die Klage in dieser Angelegenheit habe ich […] nicht vorgebracht, um den Eifer der Nachgeborenen zu mindern, sondern vielmehr, um meinen Schmerz loszuwerden und dem Zeitalter, das sich für das interessiert, was nichts wert ist, für die ehrenwerten Dinge aber ganz und gar kein Interesse aufbringt, wegen seiner Verschlafenheit und geistigen Erstarrung Vorhaltungen zu machen. Bei unseren Vorfahren im Altertum finde ich keine vergleichbaren Klagen. Kein Wunder: weil es bei ihnen keinen vergleichbaren Verlust gab. Und davon würde, wenn sich die Dinge so entwickeln, wie ich glaube, zu unseren Enkeln nicht eine Ahnung oder eine Nachricht gelangen. So ist bei den einen alles, bei den anderen nichts bekannt und bei beiden gibt es keinen Grund zum Klagen. Aber ich, der ich Grund zum Klagen habe und die Wahrheit nicht ignorieren kann, der ich mich wie auf der Grenze zwischen zwei Völkern befinde und zugleich in die Vergangenheit und in die Zukunft schauen kann, wollte diese Klage, die sich bei den Vätern nicht findet, an die Nachgeborenen weitergeben.*[114] Anders ausgedrückt: Aus dem Bewußtsein für die Differenz, die zwischen dem Wissen der Alten und dem spärlichen Wissen seiner eigenen Zeit besteht, bemüht sich Petrarca darum, das Defizit seiner Zeitgenossen zu beseitigen oder zumindest zu verringern. Vor allem die zukünftigen Generationen will er dabei mit einem Arsenal von Exempeln zur Klugheit heranbilden.

Petrarca, der sich so als souveräner Klugheitslehrer vorstellt, hat die größte Zahl seiner Beispiele der antiken Literatur, und dabei wiederum mehr der römischen als der griechischen entnommen. Von zeitgenössischen autoritativen Persönlichkeiten zieht er – neben seinem besonders verehrten König Robert von Anjou – Azzo da Correggio, Dante, die Mailänder Herzöge Matteo und Azzo Visconti sowie Kaiser Heinrich VII. und die Päpste Clemens VI. und Hadrian V. heran. Anhand von mehreren hundert Beispielen bemüht er sich so, in abermals neuer Form dem Ziel nahezukommen, das er sich schon bei seinem Werk *De viris illustribus* und seinem Epos *Africa* gestellt hatte: Beispiele exemplarischer Meisterung eines gesamten Lebens oder einer Lebenssituation vorzustellen, um so nicht allein schöne, sondern auch nutzbringende Literatur zu schaffen.

Die Muße, in der Petrarca sein neues Buch Form annehmen ließ, war nicht von langer Dauer. Nach dem Tod von Simone da Correggio, dem Signore von Parma, war ein Streit zwischen seinen drei Brüdern um einen alten Vertrag über den Verkauf der Stadt an die Visconti in Mailand entbrannt, der bald andere auswärtige Mächte auf den Plan gerufen hatte. In kürzester Zeit war Parma zum Brandherd der Konflikte in Norditalien geworden. Die Stadt wurde belagert und umkämpft. Petrarca entschloß sich daher zur Flucht, die ihn zunächst nach Bologna, dann nach Verona führte. Dort hielt er sich einige Wochen lang auf, um zu sehen, wie sich die Dinge entwickeln würden. Und er machte seinem Unwillen über die politischen Zustände in seiner berühmten Kanzone *Italia mia* (*Mein Italien*)[115] Luft. In ihr rief er die Regionalherrscher Italiens auf, das traditionsreiche Land nicht mit Söldnertruppen in den Ruin zu treiben. Doch wie so oft sollte Petrarcas Stimme bei den Verantwortlichen kein Gehör finden.

Trotz aller Unbill durch die Kämpfe in Norditalien hatte die Flucht aus Parma für Petrarca letztlich auch etwas Positives. Der Aufenthalt in Verona hat ihm immerhin eines seiner wichtigsten intellektuellen Erlebnisse beschert. Der Zufall spielte Petrarca in der Bibliothek des Doms von Verona Schriften in die Hand, die, wenn auch nicht gänzlich unbekannt, doch bis zu diesem Zeitpunkt in Gelehrtenkreisen keine rechte Würdigung erfahren hatten: die Briefe Ciceros an seine Freunde Atticus und Brutus sowie an seinen Bruder Quintus. Petrarca entschloß sich kurzerhand, die umfangreichen Briefsammlungen selbst abzuschreiben, obwohl ihn sein rechter

Der Dom in Verona, in dessen Bibliothek Petrarca eine Briefsammlung Ciceros entdeckte

Arm seit einem Sturz mit dem Pferd auf der Flucht vor Straßenräubern bei Modena stark schmerzte. Er wollte auf die Cicero-Briefe nicht verzichten, auch wenn ihm hier ein anderer, weniger interessanter Cicero zu sprechen schien, als er ihn aus den rhetorischen und philosophischen Schriften kannte. Doch revidierte Petrarca sein Urteil bald und hat sich schließlich selbst vorgenommen, seine eigenen Briefe, die von den unterschiedlichsten großen und kleinen Dingen des Lebens Zeugnis gaben, in einer mehrbändigen Sammlung zusammenzustellen. Obwohl er die lehrreichen philosophischen Briefe von Seneca an Lucilius kannte, wollte er sich doch eher an Cicero ori-

Cicero. Rom,
Musei Vaticani

entieren: *Ich will in diesen Briefen hauptsächlich der Art des Cicero folgen und nicht so sehr des Seneca. Seneca hat ja die Moral, die in fast allen seinen Schriften enthalten ist, in seinen Briefen zusammengehäuft. Cicero dagegen behandelt die Philosophie in seinen Schriften, was Freunde und Familie angeht sowie Neuigkeiten und die mannigfachen, lärmenden Gerüchte jenes Zeitalters schließt er in seine Briefe ein. Wie Seneca über Ciceros Briefe denkt, das mag er selbst sehen. Für mich, ich muß es gestehen, sind sie eine höchst angenehme Lektüre. Ihre Lektüre bietet nämlich Erholung von der gespannten Aufmerksamkeit auf schwierige Dinge; auf die Dauer stumpft sie zwar den Geist ab, aber zwischendurch eingeschoben, ergötzt sie ihn.*[116]

Das vierundzwanzig Bücher umfassende Werk seiner Briefe, die er im Hinblick auf ihren Gehalt und ihren Stil vielfach überarbeitete, hat Petrarca erst in den sechziger Jahren unter dem Titel *Familiarum rerum liber* (*Buch von familiären und freundschaftlichen Angelegenheiten*, kurz: *Familiares*) einer breiteren Öffentlichkeit zugänglich gemacht. Bis dahin sollte Petrarca seinen Freunden noch viel von seinen Gedanken und Ideen, aber auch von seinen Erlebnissen zu berichten haben – in Briefen, die er nach einer sorgfältigen Auswahl in seine *Familiares* aufnahm.

Am liebsten hätte Petrarca seine Erlebnisse auf intellektuelle Abenteuer mit Büchern und auf den geistigen Austausch mit seinen gelehrten Freunden beschränkt. Als er im Dezember 1345 in die Provence zurückkehrte, zog er sich daher auch nach einem kurzen Aufenthalt in Avignon sogleich nach Vaucluse zurück, um sich seinen Büchern zu widmen. Selbst das Angebot, zum Bischof ernannt zu werden, vermochte ihn nicht aus der ländlichen Abgeschiedenheit zu locken. Auch als ihm das Amt eines Sekretärs des Papstes angetragen wurde, zeigte er kein Interesse. In diesem Fall vermied er allerdings eine klare Absage. Um es sich mit der Kurie nicht zu verderben, gab er in seiner Antwort eine so raffinierte Probe seines lateinischen Stils, daß – wie er einem Freund amüsiert berichtet – die Kurialen nichts mehr verstanden und davon abließen, weiter in ihn zu dringen.[117]

Petrarca hat sich in diesen Jahren einzig (und mit Erfolg) um ein Kanonikat in Parma beworben, das ihm weitere finanzielle Sicherheit einbrachte. Vielleicht trug er sich, auch wenn das Kanonikat nicht mit Residenzpflicht verbunden war, mit dem Gedanken, nach Italien zurückzukehren. Die Jahre 1346 und 1347 jedenfalls verbrachte er in Vaucluse. Dort setzte er in aller Ruhe die Arbeit an seinen Werken fort und empfing von Zeit zu Zeit Freunde, um sich mit ihnen über seine Lektüren und Schriften zu unterhalten. Mitunter wurde Petrarca bei diesen Gesprächen zu neuen Werken angeregt. So im Fall seiner zwei Bücher *De vita solitaria* (*Vom Leben in Einsamkeit*), zu dem er den Anstoß im Frühjahr 1346 während eines Gesprächs mit seinem Freund Philippe de Cabassole erhielt. Ihm hat er das Werk auch gewidmet.

Da sich Petrarca in seiner Auffassung vom Leben in Einsamkeit mit Philippe einer Meinung wußte, ist das Werk keine dezidierte Verteidigungsschrift dieser Lebensweise. Vielmehr stellt es eine in der Argumentation weder umfassende noch sonderlich stringent durchgearbeitete Zusammenstellung von Ansichten Petrarcas über eines seiner Lieblingsthemen dar. Bereits im Vorwort an Philippe weist Petrarca auf den ausgesprochen persönlichen Charakter des Werks hin: *Du wirst hören, was meine Ansicht über diese einsame Lebensweise in ihrer Gesamtheit ist. Es sind gewiß wenige Sachen von vielen, aber Du kannst in ihnen wie in einem kleinen Spiegel die ganze Gestalt meines Charakters erkennen und das ganze Aussehen meines heiteren und ruhigen Geistes.*[118]

Im ersten Buch seiner Schrift hat sich Petrarca zum Ziel gesetzt aufzuweisen, daß die *vita solitaria* im Vergleich zur *beschäftigten* und *städtischen Lebensweise* die *glücklichere und freudvollere Art* ist, sein Leben zu verbringen: *Es scheint mir, daß ich mit Leichtigkeit das Glück der Einsamkeit aufweisen kann, wenn ich zusammen damit die Schmerzen und Leiden des Lebens unter den Menschen vorführe, wobei ich die Handlungen der Menschen nacheinander durchgehe, die sie in dieser einen Lebensweise als friedlich und ruhig, in jener anderen als unruhig, ängstlich und atemlos erweisen. Eines allein ist nämlich die Grundlage von dem allen: dieses Leben gründet sich auf glückliche Muße, jenes hingegen auf traurige Geschäftigkeit.*[119]

So sicher, wie Petrarca sich dessen noch zu Beginn des ersten Buches ist, wo er die *vita solitaria* vor dem Hintergrund der elenden *vita activa* als freudvolle Lebensweise hervortreten läßt, ist er schon bald nicht mehr. Schließlich konnte man als Seelsorger und bei Hof als Mensch unter Menschen Erfüllung finden. Petrarca verlegt sich daher darauf nachzuweisen, daß die Seelsorge zwar ein ideales Vorhaben ist, aber in der Realität keine Erfüllung finden kann. Im Blick auf das Hofleben zieht er sich nach einer harschen Kritik darauf zurück, die *vita solitaria* nicht mehr als die heiterste, sondern als die sicherste Lebensform behandeln zu wollen. In Anbetracht dessen, argumentiert er weiter, habe jeder einzelne bei der Wahl der Lebensform darauf zu achten, den tausenderlei Ablenkungen in den Städten eine Absage zu erteilen und dem Rückzug in die Einsamkeit den Vorzug zu geben. Doch kommt Petrarca danach noch einmal auf die «*glückliche*» *vita solitaria* zu sprechen, wobei er allerdings nur noch das spirituell-kontemplative Leben religiöser Einsiedler als *vita solitaria* gelten lassen will. Von ihr unterscheidet er die *solitudo* (*Einsamkeit*), in die sich jeder zurückziehen könne. Im weiteren Verlauf des Buchs handelt Petrarca daher auch nur noch von den Teilen der *vita solitaria*, die sich auch in der *solitudo* finden. Dabei spricht er sich besonders für eine literarische Beschäftigung des in der Einsamkeit Lebenden aus. Um seine Empfehlung zu stützen, widerlegt er die Behauptung Quintilians, daß man nicht in Wäldern und Hainen und unter freiem Himmel studieren oder schriftstellerisch tätig sein könne.[120] In der Auseinandersetzung mit Seneca[121] zeigt er ferner, daß die *solitudo* die beste Lebensform ist, der Mensch aber stets auch einer Reihe von Freunden bedürfe und sein Leben in den Dienst der anderen Menschen zu stellen habe. Vor dem Hintergrund der Freude des *solitarius* nach den überwundenen Gefahren der *vita activa* oder *occupata* baut Petrarca seine

Darstellung schließlich zu einer Kritik seiner Zeit aus. Er führt die Problematik der Stadtbewohner vor Augen, die aufgrund zahlreicher Ablenkungen und eines Mangels an Zielvorstellungen von Lebensekel erfaßt werden. Demgegenüber erweist sich der *solitarius* für ihn als Mensch mit festen Zielsetzungen.

Im zweiten Buch von *De vita solitaria* untermauert Petrarca diese Behauptungen mit Beispielen. Das Werk nähert sich dadurch im Charakter *De viris illustribus* und den *Rerum memorandarum libri* an, wenn auch nun biblische Gestalten und Vertreter des christlichen Asketentums im Vordergrund stehen.

Anhand der gewählten Beispiele wird – wie auch schon im ersten Buch von *De vita solitaria* – deutlich, daß Petrarca mit seinen Ausführungen zum Leben in Einsamkeit keinen Anspruch auf Allgemeingültigkeit erheben wollte. Schon die Personengruppe, die er in der Auseinandersetzung mit der *vita activa* genauer ins Visier nahm, setzte sich nur aus sehr Wohlhabenden zusammen. An diesen letztlich also nur sehr kleinen Personenkreis richtete Petrarca sein Werk, mit dem er (eindeutig an Seneca geschult) seine Zeitgenossen mit der Gemütsruhe und der inneren Ausgeglichenheit des stoischen Weisen vertraut machen wollte.

Einem spezifischen Personenkreis, der sich aus freier Entscheidung in die Einsamkeit zurückzieht, wandte sich Petrarca in Vaucluse in einer anderen, zwei Bücher umfassenden Schrift zu, die er mit *De otio religioso* (*Von der Muße der Ordensleute*) überschrieb. Petrarca hat sie in der vorösterlichen Fastenzeit des Jahres 1347 unter dem Eindruck eines Besuches geschrieben, den er kurz zuvor seinem Bruder Gherardo abgestattet hatte. Gherardo lebte seit 1343 als Mönch im Kartäuserkloster in Montrieux bei Marseille. Petrarcas Text stellt, wie er in der Einleitung zum ersten Buch bemerkt, die Fortsetzung eines Gesprächs dar, das er mit einigen Mönchen in Montrieux geführt hatte: ein Gespräch, und nunmehr ein schriftlicher Monolog, über Fragen des Glaubens sowie über Sinn und Bedeutung des Lebens in einem Orden, in dem wie in keinem anderen die Einsamkeit und kontemplative Versenkung das Leben der Mönche bestimmt.

Im ersten Buch von *De otio religioso* hebt Petrarca anhand des Verses «Seid frei und erkennt» aus dem 46. Psalm [122] zu einem großen Lob des Lebens in Einsamkeit an. Er setzt damit, wie er selbst bemerkt, ein Thema fort, das er in *De vita solitaria* bereits berührt hatte. In *De otio religioso* konzentriert er sich nun aber besonders auf die Lebensform der Mönche, denen aus der Freiheit in der Einsamkeit die wahre Erkenntnis der Wahrheit zuteil wird. *Seid frei*, schreibt er den Mönchen, *denn indem Ihr frei seid, werdet Ihr ruhen, und indem Ihr ruht, werdet Ihr sehen, und indem Ihr seht, werdet Ihr Freude empfinden, «Freude» nämlich*, zitiert er Paulus, *«über die Wahrheit».*[123] Es ist die mit Meditation verbrachte Zeit in Freiheit, ohne materielle Bindungen und ohne Verpflichtungen einem anderen als Gott gegenüber, die Petrarca auch als Muße bezeichnet: *Lebt diese Muße also, Brüder, denn auf diesem Weg gelangt Ihr zum Heil, kein anderer Weg ist sicherer, kein anderer gewisser, und deshalb verlange ich von Euch heute mehrmals, daß Ihr frei sein sollt. Wo es in der Übersetzung [der Bibel] von Hieronymus nämlich heißt: «Seid frei», hieß es vorher: «Lebt in Muße», und dem folgend sagt Augustinus: «Eines allein suchen wir mit Gewißheit und nichts ist leichter als das. Deshalb suchen wir es mit der Einfalt des Herzens. Lebt in Muße, sagt [Gott], und erkennt, daß ich der Herr bin; nicht die Muße, die Faulheit mit sich bringt, sondern die Muße der meditativen Versenkung, die von Raum und Zeit frei ist.»*[124]

Natürlich war sich Petrarca bewußt, daß die Mönche dieses Lebensideal tagtäglich verwirklichten und er mit seiner Schrift nicht mehr tun konnte, als sie in ihrem Handeln zu bestätigen. Doch ging es ihm offensichtlich nicht nur um die Mönche, sondern auch darum, seine Bibelkenntnisse und seinen Glauben unter Beweis zu stellen. Ausführlich und zitatenreich nämlich legt er dar, welche argumentativen Waffen die Heilige Schrift gegen die unterschiedlichsten Sünder in der Welt zur Verfügung stellt und wie gegen Ungläubige anhand der Bibel Christus als der wahre Messias erwiesen werden kann.

Im zweiten Buch von *De otio religioso* wendet sich Petrarca den fleischlichen Versuchungen zu, denen die Menschen in der Welt ausgesetzt sind. Dies gibt ihm abermals die Möglichkeit, mit zahlreichen Belegen aus christlichen und nun auch heidnischen Autoren die Nichtigkeit und Eitelkeit irdischer Dinge aufzuzeigen. Aber auch die geistige Verführbarkeit macht Petrarca zum Thema, wenn er über die falschen Götter der Heiden und über die wahrhaftige Existenz des christlichen Gottes handelt. Dabei kommt er im Rahmen eines Appells an die Väter, ihre Kinder frühzeitig auf den rechten Weg des Glaubens zu führen, abschließend auf seinen eigenen geistigen Reifungsprozeß zu sprechen, in einer Passage, die für seine gesamte Schrift aufschlußreich ist. Erst spät, gesteht Petrarca, habe er nach der ausgiebigen und (vor allem) ausschließlichen Beschäftigung mit den klassischen, heidnischen Autoren zum vollen

Verständnis einer wahrhaft christlichen Lebensgestaltung gefunden: *Spät, vielmehr schon alt, ohne irgendeine Führung, begann ich zuerst zu zögern und dann nach und nach zurückzugehen; und auf Gottes Willen [...] kamen mir zur Zeit meiner großen Abirrungen, über die ich, wenn ich sie genauer untersuchen würde, selbst ein Buch mit Geständnissen schreiben müßte, die «Confessiones» des Augustinus in die Hände. [...] Augustinus war es, der mich als erster zur Liebe der Wahrheit führte, er war der erste, der mir beibrachte, zu meinem Heile zu seufzen, mir, der ich schon seit langer Zeit tödlich seufzte.*[125] Es ist die Reue des spät Berufenen und ebenso die Begeisterung des Geläuterten, der nach langem Umherirren zum wahren Glauben gefunden hat, die Petrarcas Schrift *De otio religioso* prägen. Als Petrarca sein Buch an die Kartäuser von Montrieux richtete, hatte er den *Weg* der Läuterung *in die Gefilde der Heiligen Schriften*[126], den Augustinus ihm gewiesen hatte, bereits hinter sich. Mit dem Werk legte er nunmehr Zeugnis dafür ab, wie sorgfältig er die für ihn neuen Territorien durchmessen hatte. Gewiß konnte Petrarca die Kartäuser in Glaubensfragen nicht mehr belehren, doch sie mußten ihm für sein enthusiastisches Glaubensbekenntnis als die idealen Adressaten erscheinen. Als Mönche des asketischsten und kontemplativsten Ordens der Christenheit waren sie nach seinem Verständnis in der *Muße der Ordensleute* durch ihre Kontemplation Gott von allen Menschen am nächsten. Mit anderen Worten: Sie waren für ihn in Glaubensfragen die höchste Instanz.

Daß die Schrift *De otio religioso* nicht lediglich einer momentanen vorösterlichen Gefühlsseligkeit Petrarcas zuzuschreiben ist, sondern als Dokument für eine entscheidende Wende in seinem Leben genommen werden muß, wird aus einer Reihe von lateinischen *Bußpsalmen*[127] deutlich, die er Mitte der vierziger Jahre verfaßte. Außerdem weist er selbst in einigen weiteren Texten auf seine «religiöse Läuterung» hin. Wie allen wichtigen Begebenheiten in seinem Leben hat Petrarca auch der Rekonstruktion der Ereignisse, dic zu seiner geistigen Neuorientierung führten, außerordentliche Aufmerksamkeit gewidmet. Und wieder einmal beließ es Petrarca nicht bei einer bloßen Wiedergabe der Geschehnisse, sondern überhöht die biographischen Fakten anhand einer ausgeklügelten literarisch-fiktiven Konstruktion, die seine persönliche Wandlung mit einer eigentümlichen, bedeutungsschweren Aura umgibt.

Zentrale Bedeutung kommt dabei Aurelius Augustinus zu. Der Kirchenvater war für Petrarca nicht nur ein Vorbild, sondern geradezu eine Identifikationsfigur. *Immer wenn ich [die] «Confessiones»*

Augustinus in seiner Studierstube. Fresko von Sandro Botticelli (1444–1510). Florenz, Galleria degli Uffizi

lese, bekennt er einmal, *werde ich von zwei entgegengesetzten Gefühlen ergriffen, der Hoffnung und der Furcht, und ich habe mitunter nicht ohne süße Tränen den Eindruck, nicht die Geschichte eines anderen zu lesen, sondern die meines eigenen Umherirrens.*[128] Das hatte verschiedene Gründe. Augustinus (354–430 n. Chr.) hatte sich, so konnte Petrarca den «Confessiones» des Heiligen entnehmen, in seiner Jugend einem unsteten Leben in Sinnenfreuden hingegeben, bis er sich 372 unter dem Eindruck der Lektüre von Ciceros Dialog «Hortensius» der Philosophie zuwandte. Anschließend war er als Rhetoriklehrer im nordafrikanischen Thagaste, in Karthago, Rom und Mailand tätig gewesen. 386 hatte Augustinus, der bis dato manichäischer Christ gewesen war, in Mailand seine Bekehrung zum römischen Glauben erfahren, die eine grundlegende Wandlung in ihm hervorrief. Seitdem hatte er sein Leben in den Dienst des römischen Glaubens gestellt und sich um eine an Platon orientierte christliche Philosophie bemüht.

Eine geistige Nähe zu dem Kirchenvater war für Petrarca schon aufgrund dessen profunder antik-heidnischer Bildung und ciceronianisch-rhetorischer Schulung gegeben. Vor allem aber die entscheidende Bekehrung zum römischen Glauben veranlaßte Petrarca, ihn sich zum Vorbild zu wählen und bei der Markierung des Wendepunkts in seinem eigenen Leben auf die Biographie des Kirchenvaters Bezug zu nehmen.

Deutlich tritt dies in einem Brief Petrarcas hervor, in dem er seinem Freund Dionigi da Borgo San Sepolcro von einer Besteigung des Mont Ventoux in der Nähe von Avignon berichtet. Er habe sie, schreibt er, am 26. April des Jahres 1336 zusammen mit seinem Bruder unternommen. Petrarca legt zunächst in seinem Schreiben ausführlich dar, wie er und sein Bruder trotz der Warnung eines Hirten von Neugier getrieben den gefährlichen Aufstieg auf den Berg wagten. Doch schon bald macht er durch eingeschobene Reflexionen deutlich, daß es ihm um weit mehr als nur um die Schilderung einer Bergbesteigung geht. Die Tatsache, daß sein Bruder zielstrebig auf einem schwierigen Weg dem Gipfel entgegensteigt, er jedoch nach leichteren Wegen sucht und sich dabei mehrmals verirrt, bietet Petrarca bei einer kurzen Ruhepause Anlaß zu einem bezeichnenden Selbstgespräch: *Das, was du heute so viele Male während der Besteigung des Berges erfahren hast*, sagt sich Petrarca, *wird sich [...] für dich und viele andere, die sich dem glücklichen Leben annähern, wiederholen. [...] Das Leben, das wir glücklich nennen, ist an einem erhabenen Ort angesiedelt. Eng ist, wie man sagt, der Weg, der zu ihm hinführt. Auch türmen sich bis dorthin viele Hügel auf, und man muß von Tugend zu Tugend auf edlen Stufen fortschreiten. Auf dem Gipfel ist das Ende aller Dinge und des Lebens, auf welches unsere Wanderschaft ausgerichtet ist. Dorthin wollen alle gelangen, aber, wie [Publius Ovidius] Naso sagt: «Wollen ist wenig. Du mußt heftig wünschen, um etwas zu erreichen.» Sicher: Du willst nicht nur, sondern du*

Mont Ventoux

wünschst auch, wenn du dich nicht wie in vielen Angelegenheiten so auch in dieser irrst. Was also hält dich ab? Offensichtlich nichts anderes, als die ebenere Straße, die durch die irdischen und niederen Vergnügungen führt und – wie es auf den ersten Blick scheint – leichter gangbar ist. Aber wenn du viel umhergeirrt bist, wirst du schließlich doch gezwungen sein, entweder unter dem Gewicht einer schlecht herausgeschobenen Anstrengung zum Gipfel des glücklichen Lebens hinaufzusteigen oder als Nachlässiger in die Täler deiner Sünden hinabzustürzen. Und wenn dich dort, was vorauszusehen ich mich fürchte, die Finsternis und der Schatten des Todes überraschen werden, wirst du die ewige Nacht in Qualen durchleben.[129]

Bereits hier suggeriert Petrarca die Interpretation der Bergbesteigung als einer symbolischen Darstellung der unterschiedlichen Lebenswege, die sein Bruder und er eingeschlagen haben: Auf der einen Seite Gherardos direkter, gottgefälliger Weg zum glücklichen Leben; auf der anderen Seite sein eigenes, im weltlichen verhaftetes Umherirren, noch fern der Erkenntnis des wahren Lebensziels. Zugleich bereitet Petrarca mit dem Referat seines Selbstgesprächs aber auch schon indirekt auf den effektvoll inszenierten Höhepunkt des Briefes vor, der mit seinem Eintreffen auf dem Gipfel erreicht ist, auf dem ihn sein Bruder erwartet. Zunächst, berichtet Petrarca, habe er noch nach der Anstrengung des Aufstiegs ausgeruht und die Aussicht in die Umgegend genossen. Schon bald habe er sich aber anderem zugewendet. *Während ich so die einzelnen Dinge betrachtete und bald an Irdisches dachte, bald nach dem Beispiel mit dem Körper die Gedanken Höherem zuwandte, kam es mir in den Sinn, einen Blick in das Buch der «Confessiones» des Augustinus zu werfen, das ich […] stets in den Händen habe. […] Ich öffnete es, um das zu lesen, was mir gerade unter die Augen käme: Was konnte sich mir darbieten, wenn nicht etwas Gottesfürchtiges und Frommes? Zufällig war es das zehnte Buch des Werkes. Mein Bruder erwartete, durch mich etwas von Augustinus zu hören und stand in Erwartung da. Gott ist mein Zeuge und der, der dort war! Dort, wohin ich den ersten Blick warf, stand: «Und die Menschen gehen, um die Gipfel der Berge, die großen Fluten des Meeres, die großen Strudel der Flüsse, die Größe der Ozeane, den Lauf der Sterne zu bewundern und vergessen darüber sich selbst.»* [130] Betäubt von der Ermahnung, die ihn auf diese Weise erreicht hatte, schreibt Petrarca, sei er in sich gekehrt und, über das Geschehene nachdenkend, in Schweigen gehüllt zurück ins Tal gestiegen.

Die Einzigartigkeit der Tatsache, daß er durch einen Text des Augustinus von den Äußerlichkeiten des Lebens auf das Wesentliche aufmerksam gemacht und zur Sorge um seine Seele ermahnt worden war, wurde Petrarca erst dann richtig bewußt: *Ich konnte mir nicht vorstellen, daß dies zufällig geschehen war, sondern vielmehr, daß das, was ich dort gelesen hatte, für mich und für niemand anderen geschrieben stand.* [131] Und er erinnerte sich, wie einst Augustinus auf ähnliche Weise bekehrt worden war: indem er einen Kodex mit Apostelbriefen aufgeschlagen hatte und ihm eine Stelle aus dem Römerbrief des Apostels Paulus unterkam, die ihn direkt anzusprechen schien.

Läßt schon die Schilderung des Bekehrungserlebnisses durch den nunmehr doppelten Bezug auf Augustinus an eine bewußte, minutiös von Petrarca in Szene gesetzte Konstruktion denken, kommt mit der Datierung des Briefes eine weitere Komponente hinzu, die diesen Eindruck noch verstärkt, wenn nicht gar vollends bestätigt. Obwohl Petrarcas Schilderung des Aufstiegs auf den Mont Ventoux als eine Verarbeitung des Eintritts seines Bruders in das Kartäuserkloster Montrieux verstanden werden kann, der 1343 erfolgte, ist der Brief auf das Frühjahr 1336 datiert. Aber auch das macht Sinn:

Petrarca verlegt damit seine Bekehrung in sein zweiunddreißigstes Lebensjahr und rundet so seine Nachahmung des Augustinus ab, der sich mit zweiunddreißig Jahren zum römischen Glauben bekehrt hatte.

Ist der Bericht von der Bergbesteigung also nur symbolisch zu verstehen? Die hier angeführten Indizien legen es nahe. Und doch bietet sich in gleicher Weise auch eine andere Lesart von Petrarcas Brief und von seiner Schilderung der berühmten Augustinus-Lektüre auf dem Gipfel des Mont Ventoux an. Abgesehen davon, ob Petrarca nun wirklich auf den Berg gestiegen ist (immerhin liefert er mit der Beschreibung dessen, was er vom Gipfel sehen konnte, für die Beantwortung dieser Frage nicht zu unterschätzende Anhaltspunkte), abgesehen auch davon, ob sie wie geschildert oder anders erfolgt ist – es ist der Bedeutung Rechnung zu tragen, die eine Bergbesteigung wie die geschilderte zu Petrarcas Zeiten besaß: ein Gipfelaufstieg allein um des Naturerlebnisses willen. Wie der Dichter selbst zu Beginn seines Briefes deutlich macht, unternahm er die Wanderung allein *von Neugier getrieben, diesen außergewöhnlich hohen Ort zu sehen*. Dies allein stellte für seine Zeit schon eine Neuerung dar, eine Zeit, in der die Natur in ihrer praktischen Funktion für den Menschen verstanden wurde: der Wald als Holzreservoir und Weideplatz für die Schweine, die Erde als Acker, die Wasserläufe als Fischgrund. Der Natur als ästhetischer Erscheinung wurde dagegen keine Aufmerksamkeit geschenkt. Nach dem Verständnis seiner Zeit tat Petrarca mit seiner Bergbesteigung also etwas höchst Ungewöhnliches. Er wandte sich der Natur als Landschaft, den Naturerscheinungen um der sinnlichen Erfahrung willen zu. Das Erlebnis der Natur, das bei Petrarca in seiner Intensität alle Erfahrungen mit der natürlichen Umwelt seit der Antike übertrifft, ist dadurch von epochaler Bedeutung. Und Petrarca ist sich dessen bewußt. Auch von hier aus ergibt sich für ihn ein Zugang zu Augustinus als Mahner. Als er auf dem Gipfel des Mont Ventoux angesichts dessen, was er sieht, in eine für seine Zeit radikal neue, reine Schaulust verfällt, wird er von der von ihm aufgeschlagenen Augustinus-Stelle (ganz im Sinn des Verständnisses seiner Zeit) auf die Gefährlichkeit seines Handelns für sein geistiges Heil hingewiesen. So gesehen stellt Petrarcas Schilderung der Besteigung des Mont Ventoux und der dabei gemachten Erfahrungen einen für seine Zeit wagemutigen Ausblick auf Neues, aber sogleich auch wieder eine Rückkehr ins Überkommene dar.

Welche Bedeutung der in dem Brief geschilderten geistigen Um-

Blick vom Mont Ventoux auf die Berge der Vaucluse

orientierung auch beigemessen werden mag – daß Petrarca seinem Leben erst in den vierziger Jahren eine entscheidende Wendung gab, wird indirekt aus einer anderen Schrift des Dichters deutlich, die mit *Secretum meum* (*Mein Geheimnis*)[132] überschrieben ist. Petrarca hat die Handlung des Buchs, das er aufgrund seines persönlichen, geständnishaften Charakters zu Lebzeiten nicht veröffentlichte, in das sechzehnte Jahr seiner Liebe zu Laura gelegt, also in die Zeit zwischen dem April 1343 und dem April 1344. Er schildert in dem Werk eine eigentümliche Vision, in der abermals Augustinus eine besondere Rolle zukommt. Gerade als er darüber nachgedacht habe, schreibt Petrarca, wie er in das Leben getreten sei und wie er wohl aus ihm heraustreten werde, sei ihm eine schöne junge Frau erschienen, die er als *Wahrheit* erkannt habe. Sie sei von Augustinus begleitet worden, mit dem er sodann, in Anwesenheit der schweigend zuhörenden *Wahrheit*, drei Tage lang ein schonungsloses Gespräch über sein Leben geführt habe.

Ziel des Augustinus in Petrarcas Dialog ist es, seinen Gesprächspartner, Petrarcas Alter ego Francesco, in Anbetracht seines fortgeschrittenen Alters davon zu überzeugen, sich zu ändern und ein Leben zu beginnen, das einem Christen angemessen ist. Die Kritik, die er dabei an Francescos bisherigem Lebenswandel übt, deckt sich mit dem, was Petrarca der Passage aus den «Confessiones» des Kirchenvaters entnehmen konnte, die er in seinem Ventoux-Brief zitiert hatte. Francesco sei, macht Augustinus deutlich, in seinem Leben immer im Äußerlichen verhaftet geblieben, sei nie zum Wesentlichen vorgedrungen, habe sich selbst nicht erkannt und schließlich in der Sorge um unbedeutende weltliche Dinge sich selbst vergessen.

Im ersten Gespräch zeigt Augustinus auf, warum Francesco aufgrund seiner falschen Grundeinstellung zum Leben weder fähig ist, die Ursachen für seine unglückliche Lebenslage richtig einzuschätzen, noch sein Leben zu ändern, auch wenn er dies zu wollen vorgibt. Francesco macht sich sein falsches Handeln nicht bewußt und betrügt sich selbst, wenn er etwas zu wollen behauptet, dann aber (wohlgemerkt: wiederum willentlich) nur halbherzige Entscheidungen trifft, die kaum etwas verändern helfen. Daher, so rät ihm Augustinus, solle er seinen Willen zur positiven Veränderung dadurch stärken, daß er an die Vergänglichkeit der Dinge und an den Tod denke, nach dem er über sein Handeln Rechenschaft abzulegen habe. Im zweiten Gespräch geht Augustinus mit Francesco den Katalog der sieben Hauptsünden durch, um ihm seine Fehler vor Augen zu führen. Dabei spricht er ihn von Gefräßigkeit und Zorn teilweise und vom Neid gänzlich frei. Auch wenn sich Francesco in nicht geringem Maße der Habgier, des Hochmuts und der Genußsucht schuldig gemacht hat, richtet sich die Aufmerksamkeit des Augustinus doch vor allem auf die «acedia», Mißmut, der, wie er deutlich macht, *wie ein dunkler Schatten den Samen der Tugend und die Frucht des Geistes erstickt, und in der die Quelle und die Wurzel aller Übel liegt*[133]. Der Mißmut ist es, der nach seiner Auffassung in Francesco alle Gedanken und Empfindungen abtötet und eine Auseinandersetzung mit sich und seinem Leben verhindert. Und tatsächlich bestätigt ihm auch Francesco: *In diesem traurigen Seelenzustand ist für mich alles voll von Schmerzen, Elend und Schrecken, und der Weg zur Verzweiflung ist stets offen. […] Zudem: unter meinen anderen Leidenschaften habe ich ja gewiß oft, aber immer nur kurze Zeit und vorübergehend zu leiden. Diese Pest aber lastet zuweilen so hartnäckig auf mir, daß sie mich Gefesselten ganze Tage und Nächte foltert. Das sind keine Stunden des Lichts und des Lebens, sondern ganz nach der Art höllischer Finsternis und bittersten Todes. Und der Gipfel allen Elends ist, daß ich mit einer gewissen dunklen Wollust an meinen Tränen und Schmerzen Gefallen finde und mich ihnen nur ungern entreiße.*[134] Gerade diese krankhafte Lust am Leiden aber verhindert, wie Augustinus deutlich macht, daß Francesco die wahren Ursachen des Übels erkennt, an dem er leidet. Auch die geeigneten Heilmittel muß er ihm erst aufweisen. So zeigt er Francesco, wie er die Lektüre der von ihm so geschätzten klassischen Autoren wie Cicero, Horaz, Vergil oder Seneca für sich fruchtbar machen kann, indem er die in ihren Schriften niedergelegten Gedanken zusammenstellt und überdenkt.

Gegen die Oberflächlichkeit, die Augustinus in Francescos bisherigem Leben ausmachen konnte, tritt er auch in der dritten Unterredung an. Er kommt dabei auf die beiden *Ketten* zu sprechen, die Francesco sowohl davon abhalten, an den Tod als auch an das Leben zu denken: das Verlangen nach Liebe und das Verlangen nach Ruhm. *Du warst*, sagt Augustinus so über Francescos Liebe zu Laura und über seine Dichtung, *nicht weniger von dem Glanz ihres Namens als von ihrem Körper eingenommen, du hast mit unglaublicher Lächerlichkeit alles bewundert, was ihm ähnlich klingt. Aus diesem Grund hast du die Lorbeerkrönung der Feldherren und Dichter geliebt. […] Und seit dieser Zeit kam dir nur schwer ein Gedicht aus der Feder, das nicht des Lorbeers Erwähnung täte.*[135] Damit habe Francesco aber nur einem äußeren Schein gehuldigt, vom Wesentlichen habe ihn diese weltliche Liebe nur abgelenkt. *Sie hat deinen Geist*, hält er Francesco vor, *von der Liebe zu den himmlischen Gütern entfernt und hat dein Streben von dem Schöpfer auf seine Kreatur umgelenkt.*[136] Damit aber habe Francesco zu seinem Verderben die Hierarchie der Dinge auf den Kopf gestellt, denn: *Wo doch alles Geschaffene aus Liebe zum Schöpfer geliebt werden muß, hast du dagegen, von den Reizen eines Geschöpfes ergriffen, den Schöpfer nicht geliebt, wie es sich ziemt, sondern hast in ihm den Schöpfer von ihr bewundert, als ob er nichts Schöneres geschaffen hätte, wo doch die körperliche Schönheit die letzte unter den Schönheiten ist.*[137] Und schließlich: Wieviel Zeit habe doch Francesco mit solch Unnützem vergeudet und darüber sich selbst vergessen.[138]

In gleichem Maße hält Francesco nach Ansicht des Augustinus das fortwährende Verlangen nach Ruhm in Äußerlichem befangen. *Der Ruhm*, macht Augustinus deutlich, *ist gleichsam der Schatten der Tugend.*[139] Aber eben nur um den Ruhm, nicht um die Tugend selbst habe sich Francesco gekümmert. Die Arbeit an den Werken *De viris illustribus* und dem Epos *Africa* belegt für Augustinus in doppelter Weise die Äußerlichkeit von Francescos Handeln. Es ist das Bemühen um einen vergänglichen Ruhm als Historiker und Dichter und zugleich durch die Beschäftigung mit der Tugend anderer nur ein indirekter Umgang mit der Tugend. Daher lautet seine Forderung an seinen Gesprächspartner: *Laß ab von den Bündeln der römischen Geschichte: Die römischen Ereignisse sind durch ihren eigenen Ruhm und von anderen Geistern schon hinreichend beschrieben worden. Laß ab von der «Africa» und laß sie ihren Besitzern. Du wirst weder den Ruhm deines Scipio noch deinen eigenen vermehren.* Und: *Nachdem du diese Werke also beiseite gelegt hast, gib dich dir selbst zurück.*[140]

Nachdem Francesco so während des ganzen Gesprächs von Augustinus wiederholt aufgefordert wurde, endlich zu sich selbst zu finden, ringt er sich schließlich zu einem Versprechen durch: *Ich werde mir*, sichert er Augustinus zu, *so gut ich nur kann mir selbst gegenwärtig sein und die verstreuten Fragmente meiner Seele zusammensammeln und gewissenhaft mit mir selbst verbleiben.*[141] Doch schränkt er sein Versprechen sogleich wieder ein, wenn er Augustinus abschließend bekennt: *Mir ist nicht unbekannt [...], daß es für mich um vieles sicherer ist, wenn ich diesem einzigen Vorhaben folge, alle Straßen beiseite lasse, die vom Wege abführen, und direkt jene einschlage, die zum Heil führt. Aber ich bin nicht in der Lage, mein Verlangen zu zügeln.*[142] Somit wäre, wie Augustinus abschließend bemerkt, das Gespräch wieder dort angelangt, von wo es seinen Ausgang genommen hatte: bei der schwachen Willenskraft Francescos.

Petrarca verrät also nicht, welche Konsequenzen sein Alter ego Francesco nach Beendigung des schonungslosen Gesprächs für sein zukünftiges Leben ziehen wird. Für ihn selbst, den Autor, ist das Werk dagegen schon per se Ausdruck seines Willens zur Veränderung. Anlaß dafür war nicht allein der Ordenseintritt seines Bruders. Einen weiteren Grund, der im *Secretum* mit der religiösen Motivation überblendet wird, bildete Petrarcas Bewußtsein, ein für sein Alter nicht angemessenes Leben zu führen. Mit seinen fast vierzig Jahren stand er nach Auffassung seiner Zeit auf der Schwelle zum «senex», zum alten Mann. Daher ist die Ermahnung des Augustinus, daß Francesco sein Leben ändern solle, auch als Aufforderung zu verstehen, endlich das einem «senex» angemessene Verhalten an den Tag zu legen. Und das hieß vor allem, von unwürdigen Liebschaften Abstand zu nehmen, die ihn zu einer lächerlichen Figur machen würden – zu einem «verliebten Alten», wie er Petrarca aus der klassischen römischen Literatur vertraut war. Der Kritik an der lächerlichen Extrovertiertheit des in seiner Liebe zu Laura gefangenen Francesco gibt Petrarca in den Worten «seines» Augustinus die Aufforderung zur Introspektion zur Seite und den Aufruf, sich eingehender mit sich selbst zu befassen und über den Sinn des Lebens nachzudenken, was einem «senex» (und mehr noch: einem christlichen Alten) besser zu Gesicht steht. Petrarca hat mit der dialogisierten Gewissenserforschung seines *Secretum* diese Forderung erfüllt und sich konsequenterweise im selben Zug die Kriterien für sein weiteres Schaffen als Gelehrter und Literat vorgegeben. Auf diese Weise markiert er mit dem Text nicht nur die Schwelle zu einem neuen Lebensabschnitt, sondern auch zu einer neuen Schaffensperiode. Wie sich schon in den Werken *De vita solitaria* und *De otio religioso* angekündigt hatte, sollten für ihn nunmehr Fragen der christlich-tugendhaften Lebensgestaltung und, damit verbunden, religiöse und philosophische Themen im Vordergrund stehen.

Rom, Avignon und der Zustand Italiens

So gut die Vorsätze auch waren, sie ließen sich nicht leicht in die Tat umsetzen. Eine «vita solitaria», wie sie der Besinnung auf sich selbst vorteilhaft war und wie sie sich Petrarca gewünscht hat, war ihm nur selten vergönnt. Die politischen Zustände in Italien und Frankreich ließen ihn nicht zur Ruhe kommen. Im Widmungsbrief seiner *Familiares* schreibt Petrarca darüber an Ludwig von Kempen: *Vergleiche nur die Irrfahrten des Odysseus mit den meinen. Fürwahr: wären der Glanz des Namens und unserer Angelegenheiten gleich – er ist nicht länger und weiter umhergeirrt als ich.*[143]

Das Leben als schicksalhaft Getriebener und Heimatloser wurde Petrarca mit den Jahren immer mehr zur Last und wuchs sich für ihn zu einer regelrechten Krankheit aus. *Im Moment*, teilt er so in den frühen fünfziger Jahren einem Bekannten mit, *drehe und wende ich mich wie ein Mann auf einem harten Bett und finde trotz aller Versuche die gewünschte Ruhe nicht. Und so helfe ich, da ich das Bett nicht weich machen kann, meiner Erschöpfung mit Abwechslung ab. Des-*

halb wandere ich umher und erscheine als Pilger ohne Ende. [...] Ich streite nicht ab, daß ich an einer ernsthaften seelischen Krankheit leide, und ich hoffe nur, daß sie nicht tödlich sein wird. Auch kann ich nicht, um eine Entschuldigung zu finden, alle Schuld an meiner Krankheit meinem Bett zuschreiben. Ich wiederhole noch einmal, was offensichtlich ist, auch ohne daß ich etwas sage: Ich bin krank. Mach mich gesund; dann werde ich stärker sein, aber mein Bett – das Bett meines Lebens, in dem ich erschöpft liege – wird deshalb nicht weicher oder ebener, sondern noch viel härter, unangenehmer, unreiner, unebener, noch angefüllter mit spitzen Steinchen, so daß es selbst den Gesündesten Qualen bereiten würde.[144] Was das *Bett des Lebens* für Petrarca so unwirtlich machte, hat er in dem Brief deutlich benannt: Es waren die ständigen Konflikte zwischen seinen Mitmenschen, war die fortwährende Unruhe in der Welt, eine Unruhe, die sich auf ihn selbst übertragen hatte. Sein sehnlichster Wunsch war es, Frieden zu finden. *Es wäre gut, wenn ich ein Heilmittel anwenden könnte, das ich anderen empfohlen habe, nämlich, in mir den Frieden zu finden, den ich außerhalb von mir nicht finde.*[145] Doch das war, wie er feststellen mußte, leichter gesagt als getan.

Trotz aller Skepsis, das unbequeme *Bett des Lebens*, das er mit seinen Zeitgenossen teilte, umgestalten zu können, bemühte sich Petrarca doch fortwährend öffentlich darum. Die «vita solitaria» stellte er dann leicht hintan. Und er wurde nicht müde, den Akteuren auf der politischen Bühne die Notwendigkeit eines friedlichen Zusammenlebens der Menschen vor Augen zu halten oder sie in ihren Friedensbemühungen zu unterstützen.

So hat Petrarca auch lebhaft an den Ereignissen Anteil genommen, die sich im Sommer und Herbst des Jahres 1347 in Rom zutrugen. Ein junger Notar, Cola di Rienzo, hatte sich dort Mitte Mai mit Unterstützung vor allem römischer Kaufleute und Handwerker nach antikem Vorbild zum Tribun des römischen Volkes erheben lassen.[146] Sein Ziel war es, dem römischen Volk und der Stadt Rom die Rechte zurückzugeben, die ihnen durch die Herrschaft des Stadtadels entzogen worden waren. Ferner machte er sich für eine Reform der kommunalen Verwaltung stark.

Petrarca hat bereits kurz nach der Erhebung Colas zum Tribun Anfang Juni Nachricht von den Geschehnissen in Rom erhalten – und sofort begeistert reagiert mit einem enthusiastischen Brief an den neuen Tribun und das römische Volk. Cola di Rienzo feiert er in seinem rhetorisch ausgefeilten Sendschreiben als Erneuerer des alten Rom und vor allem als Retter des Volkes aus der Tyrannei der

Cola di Rienzo.
Nach der Ausgabe
der «Vita»,
Bracciano 1631

Adelsfamilien, von denen er besonders die Orsini und die Colonna als Unterdrücker des Volkes brandmarkt. Ihnen, deren blutige Fehden ihm noch von seiner Romreise im Jahre 1337 erinnerlich sein mochten, schreibt er die Schuld an sämtlichen Mißständen in Rom zu. In Rienzo dagegen sieht er einen neuen Brutus, den er dazu aufruft, zusammen mit dem Volk den Körper des Staatswesens von allen *schädlichen Säften*[147], sprich: dem Adel und seinen Anhängern, zu befreien und Rom auf diese Weise wieder erblühen zu lassen. Ohne den Adel, der in der Stadt nur Unfrieden schaffte, wird für Petrarca in Rom wieder ein friedliches Zusammenleben in Freiheit Einzug halten. Alle Römer, so schreibt er, sollten nur dies als Ziel vor Augen haben und sollten sich deshalb dem Tribun unterordnen: *Es verschwinde [...] jede Spur von Streit unter euch, und das Feuer, das während des Schnaubens der Tyrannen in euch aufloderte, möge durch gegenseitiges Wohlwollen und durch die Ermahnungen eures Befreiers erlöschen. Ihr kämpft einen einzigen, gemeinsamen Kampf, nicht weil einer mächtiger als ein anderer ist, sondern weil er besser ist, offener gegen andere und weil er die Heimatstadt mehr liebt, weil er gegenüber den Nachbarn bescheidener ist, den Tyrannen gegenüber feindlicher.*[148] Unter diesen Bedingungen sieht Petrarca Rom wiedererstehen. Und nicht nur Rom, sondern auch ein geeintes Italien: *Italien, das mit seinem kranken Kopf dahinsiechte, hat sich jetzt schon auf den Ellbogen gestützt; wenn ihr jetzt an eurem Unternehmen festhaltet*, schreibt er dem römischen Volk, *wird es sich bald glücklich und fröhlich erheben.*[149] Aber es sollte anders kommen. Zwar hatte Cola Pläne für eine Einigung zumindest mittelitalienischer Gebiete entworfen, doch scheiterte er, noch bevor er sein Vorhaben überhaupt beginnen konnte. Grund dafür war vor allem ein Konflikt mit dem römischen Adel, den er selbst provoziert hatte: Cola hatte zunächst zu einer Verständigung mit den führenden römischen Adelsfamilien gefunden. Sein Mißtrauen ließ ihn jedoch Mitte September 1347 einige Barone wegen einer angeblichen Verschwörung gefangennehmen. Nachdem ihre Unschuld erwiesen worden war, schenkte er ihnen wieder die Freiheit. Dies war ein entscheidender Fehler Colas, wie Petrarca später feststellen sollte.[150] Nach der Haftentlassung nämlich rüsteten sich die römischen Barone gegen die Regierung des Volkstribuns. Auch wenn in der Schlacht an der Porta di San Lorenzo Mitte November 1347 die Adligen gegen das Volk den kürzeren zogen und viele von ihnen (darunter fünf Mitglieder der Familie Colonna) umkamen, hatte sie doch das Ende der Regierung des Volkstribuns eingeläutet. Cola legte nach zeitweise schweren Depressionen am 15. Dezember 1347 sein Amt als Volkstribun nieder.

Damit war die Volksregierung gescheitert, für die Petrarca so begeistert eingetreten war. Wenn er auch nicht selbst in Rom an der Seite Colas für die neue Regierung gekämpft hatte, so hatte er doch nach eigenem Bekunden den Tribun mit täglichen Briefen (die nicht mehr erhalten sind) unterstützt. Zudem hatte er bei Wortgefechten an der Kurie in Avignon für die Sache des römischen Volkes gleichsam in der ersten Reihe gekämpft, was ihm nicht zuträglich gewesen war. *Viele*, schreibt er Cola, *mit denen ich häuslichen Umgang pflegte, habe ich mit meinen Worten entfremdet, doch das überrascht mich nicht. Denn ich wußte ja, daß der Spruch des Terenz nur zu wahr ist, für den die Willfährigkeit Freunde, die Wahrheit aber Feinde gebiert.*[151] Vor allem bei der Familie Colonna, seinen langjährigen Gönnern, hatte es sich Petrarca mit seinen harschen Attacken gegen den römischen Adel verdorben. Nur langsam wandte er sich den Colonna wie-

Cola di Rienzo-Statue auf dem Kapitol in Rom

der zu: Erst nach Monaten drückte er in einem Brief an Stefano Colonna sein Beileid für die Mitglieder der Familie aus, die in der Schlacht an der Porta di San Lorenzo ums Leben gekommen waren.

Petrarcas offenes Eintreten für Cola di Rienzo und die römische Volksregierung bedeutet nicht, daß er Adel und Obrigkeiten grundsätzlich abgelehnt hätte.[152] Er unterstützte damit vielmehr eine Initiative, die sich gezielt gegen Personen richtete, die Streit und Unfrieden in die Stadt Rom gebracht hatten, in eine Stadt zudem, der für ihn eine besondere Bedeutung zukam. Das wird aus Petrarcas Bemerkungen zu den politischen Verhältnissen seiner Zeit deutlich. Demnach zeigt sich Petrarca von der zentralen historischen und politischen Bedeutung Roms fest überzeugt. Für ihn steht die Kontinuität des Römischen Reiches seit der Antike unverbrüchlich fest, eines Reiches, das für ihn göttlichen Ursprungs ist und im Hinblick auf die Ausdehnung seiner Herrschaft universale Ansprüche erheben kann. Das Römische Reich ist für Petrarca römisch und – im weiteren Sinne – italienisch. Die Kaiser mußten für ihn Italiener sein, und sie waren es, selbst wenn sie etwa wie die Kaiser Friedrich II., Heinrich VII. oder Karl IV. strenggenommen «barbarischer» Abstammung waren. Ihre Kultur und ihre persönlichen Bindungen nach Italien machten sie nach seiner Meinung zu Italienern. Speziell römisch ist dafür ihre Macht, denn die Kaiser hatten sie, wie Petrarca in einem Brief an Cola di Rienzo erklärt, von niemand anderem als vom römischen Volk erhalten: *Über die römischen Kaiser und darüber, ob sie des Lobes oder des Tadels würdig wären, befand Rom. Denn es ist erwiesen, daß nach der Tyrannis – oder, wenn wir lieber sagen wollen: Monarchie – des Julius Caesar die römischen Herrscher, obgleich sie schon dem Rat der Götter zugerechnet wurden, doch von dem römischen Senat oder dem römischen Volk die Erlaubnis zum Handeln einholen mußten und je nach dem, ob ihnen die Erlaubnis erteilt wurde oder nicht, das taten, wozu sie bestimmt waren oder eben nicht.*[153] So verhielt es sich nach Petrarcas Meinung auch noch zu seiner Zeit, denn die Kaiser nannten sich und waren de facto römische Kaiser. Deshalb konnte das Römische Reich auch nirgendwo sonst sein Zentrum haben als in Rom.[154] Aus diesem Grund war es für Petrarca von größter Bedeutung, daß in Rom und in Italien, dem Kernland des Römischen Reiches, Frieden herrschte. Der Weg zur Lösung aller Probleme des Reiches führte über die friedliche Einigung Italiens: *Italien ächzt zu unseren Zeiten wie eine Sklavin, aber die Plage wird dann endlich ein Ende haben, wenn es eins sein wird. Eine schwere Bedingung, aber ganz und gar nicht unmöglich zu erfüllen.*[155]

In seinen Ansichten zur Politik hat sich Petrarca weitgehend im Rahmen der Vorstellungen seiner Zeitgenossen bewegt. Lediglich die Tatsache, daß er seine Gedanken programmatisch auf Rom hin zuspitzte und eine friedliche Einigung Italiens forderte, gab ihnen einen besonderen Akzent.

In Anbetracht von Petrarcas entschiedenem Eintreten für Frieden in Rom und Italien bewies Papst Clemens VI. eine glückliche Hand, als er im Winter 1347 Petrarca in einer Friedensmission zu den Scaligern nach Verona schickte. Auch wenn Petrarcas Mission nicht von Erfolg gekrönt war, weil er zu spät in Verona eintraf, um die Scaliger von der Unterstützung eines militärischen Unternehmens gegen Neapel abzubringen, macht die Mission für sich genommen doch eines deutlich: daß Petrarca beim Papst und an der Kurie aufgrund seines Engagements für Cola di Rienzo keineswegs in schlechtem Ruf stand. Dies belegt auch die Tatsache, daß Petrarca wenig später von Papst Clemens VI. je ein Kanonikat in Parma und in Padua zugesprochen bekam. Petrarca nahm sie dankbar an, zumal im Sommer 1348 nach seiner Verstimmung mit den Colonna auch noch sein Dienstherr, Kardinal Giovanni, gestorben war. Die Kanonikate boten ihm ferner einen willkommenen Anlaß für einen längeren Aufenthalt in Norditalien, wo er sich bald heimisch zu fühlen begann: *Ich kehrte*, schreibt er später rückblickend, *an die Orte zurück, an denen ich meine Jugend in Studien verbracht hatte [...], und ich sah ganz Norditalien wieder, das ich zuvor nur gestreift hatte; und ich sah es nicht wie ein Reisender in Eile, sondern wie ein Bürger von vielen Städten: zuerst Verona, sogleich danach Parma und Ferrara, zuletzt Padua.*[156]

Der bis zum Herbst 1351 währende, vierjährige Aufenthalt in Norditalien verging für Petrarca jedoch nicht ungetrübt. 1348 brach die Pest über Italien herein und versetzte mit ihrer Unberechenbarkeit und ihren verheerenden Folgen die Menschen in Angst und Schrecken. Petrarca hatte auch zu dieser Katastrophe den passenden Vergilvers parat: *Ringsum grausames Klagen, / ringsum Entsetzen und Angst und Tod in vielen Gestalten*[157], zitiert er in einem Brief an einen Freund aus Vergils «Aeneis». Was sollte aber auch das viele Klagen? *Es macht mich noch verlegener [als das sinnlose Klagen], daß ein ganzes Jahr oder noch mehr vergangen ist, ohne daß ich aufgrund des allseitigen Donnerns und Stürmens der Fortuna etwas getan, geschweige denn etwas einem Mann Würdiges geschrieben hätte.*[158] Aber daran sollte sich auf längere Zeit kaum etwas ändern. Zu unruhig war Petrarcas Lebenswandel. Als berühmter Dichter war er gerngesehener Gast bei verschiedenen regionalen Herrschern. Und im Herbst des Jahres 1350 unternahm er eine Reise zur Feier des Heiligen Jahres nach Rom, bei der er kurz auch in Florenz und Arezzo haltmachte, eine Reise, von der Petrarca (abgesehen von einem Reitunfall) nur wenig berichtet hat.

Das Hauptgewicht der Interessen Petrarcas lag zu dieser Zeit auf der Politik. In der festen Überzeugung, aufgrund seiner guten Beziehungen zur Kirchenleitung und zu zahlreichen italienischen Herrscherhäusern etwas bewegen zu können, versuchte er, seine Gedanken zu Rom, Italien und dem Römischen Reich den Mächtigen seiner Zeit bekanntzumachen. Im Februar 1351 schrieb er deshalb einen Brief an den deutschen König Karl IV., in dem er dessen mangelnde Sorge um Italien bedauerte und ihn dazu aufrief, nach Rom zu ziehen, um Rom und das Römische Reich wiedererstehen zu lassen.[159] Und an den Dogen von Venedig, Andrea Dandolo, sandte er wenig später ein Schreiben, in dem er ihn im Namen des Friedens in Italien beschwor, von einem Krieg mit der Handelsstadt Genua abzusehen[160] – allerdings ohne Erfolg. Petrarcas ideale Vorstellungen waren weder mit der Realpolitik des deutschen Königs noch mit jener der Lagunenstadt in Einklang zu bringen.

Die meiste Zeit seines Italienaufenthalts hat Petrarca in Padua verbracht. Doch als der Signore der Stadt, Jacopo da Carrara, mit dem er Freundschaft geschlossen hatte, ermordet wurde, entschloß er sich bald, nach Südfrankreich zurückzukehren. Im Herbst 1351 war er so wieder in Vaucluse, um bald erneut die *tartarische Schwelle des nahen Babylon*[161] zu überschreiten. Als Petrarca sich Ende September 1351 in Avignon einfand, kam er sich in der Stadt wie ein Fremder vor. Er selbst hatte sich durch die Erfahrungen der vergangenen Jahre sehr verändert.[162]

Mit seiner christlich-geläuterten Grundeinstellung fielen Petrarca die Mißstände in der Stadt und an der Kurie stärker als zuvor ins Auge. Und sie störten ihn schließlich dermaßen, daß er sie in einer Reihe von Briefen an Freunde und Bekannte mit spitzer Feder aufspießte. Die Briefe hat er unter dem Titel *Sine nomine* (*Ohne Titel/Ohne Namen*) zusammengefaßt, da er sie wegen der in ihnen enthaltenen scharfen Kritik am Zustand der Kirche, an der Politik der Kurie und an den Sitten am Papsthof weder adressierte noch unterzeichnete. Petrarca konnte auf diese Weise unter dem Deckmantel der Anonymität Zustände in der Kirche einer Kritik unterziehen, für die er sonst Repressalien zu erwarten gehabt hätte. Mit der Forderung nach der Armut der Kirche etwa hatte sich ein Teil des Franziskanerordens den päpstlichen Bann zugezogen. Nicht anders als diese sah aber auch Petrarca, daß sich die Erben der Fischer vom See Genezareth auf seltsame Weise von ihren Ursprüngen entfernt hatten: *Es ist überraschend, wenn man an jene Fischer denkt und diese hier mit Gold und Purpur beladen sieht, stolz auf das, was sie Fürsten und Völkern geraubt haben; wenn man statt der umgewendeten Boote [unter denen die Fischer wohnten] luxuriöse Paläste sieht, [...] wenn man feststellt, daß an Stelle der heiligen Einsamkeit ein schändliches Kommen und Gehen herrscht und es eine Heerschar von gräßlichen Wächtern gibt, daß es an Stelle von verständiger Nüchternheit rauschende Gelage gibt, an Stelle von frommen Pilgerschaften*

Der große Audienzsaal im Papstpalast in Avignon

eine menschenunwürdige und anstößige Zeit des Nichtstuns, an Stelle der nackten Füße der Apostel ein Getümmel von schneeweißen Rossen dieser Diebe, mit Gold beschichtet, mit Gold bedeckt, goldenes Zaumzeug kauend, die demnächst auch noch mit Gold beschlagen werden, wenn nicht der Herr diesen sklavischen Luxus einschränkt. Was viele Worte? Man kann sie als persische oder parthische Könige bezeichnen.[163]

Mit dieser Prachtentfaltung, die der Ansicht zuwiderlief, daß die Kirche und ihre Würdenträger kein Recht auf weltlichen Besitz hätten und sie verpflichtet seien, die irdischen Schätze ausschließlich zum Nutzen der Armen einzusetzen, hatten sich die Kurienangehörigen für Petrarca von den elementarsten Grundsätzen der Lehre Christi entfernt. Ohnehin steuerte das Schifflein Petri, die Kirche, nach seiner Meinung wegen der Unfähigkeit der Steuermänner auf entschieden falschem Kurs. Unentschlossen und ängstlich, schreibt er, hielten sie das Schiff in der Nähe der gefährlichen und klippenreichen Küste anstatt Kurs auf das weniger gefahrvolle offene Meer zu nehmen. *Es ist zu fürchten*, schreibt er daher, *daß wir bei drän-*

gendem Wellengang zwischen Piraten und Klippen umkommen. Damit spielte er nicht weniger auf die äußere Situation als auf die innere Lage der Kirche an.

Nach außen waren der schlafende Steuermann und die unerfahrenen Männer an den Rudern, von denen Petrarca in seinem ersten *Sine nomine*-Brief spricht, unfähig, die Selbständigkeit der Kirche gegenüber den politischen Mächten – vor allem gegenüber Frankreich und dem deutschen König – zu wahren. Mit ihrer frankreichfreundlichen und rom- sowie italienfeindlichen Politik fügten sie in seinen Augen der Kirche beträchtlichen Schaden zu. Der Ort des Oberhaupts der römischen Kirche war und blieb für ihn Rom, wie er nicht müde wurde zu betonen.

Aber auch an der Kurie selbst hatte sich durch die allgemeine Lässigkeit viel geändert. *Jener berühmte Hofstaat Jesu Christi, der einstmals die Hochburg der Gottesverehrung war, ist nun aufgrund unserer Sünden von der Hilfe Gottes verlassen und zu einer Höhle entsetzlicher Räuber geworden.*[164] Von christlichem Lebenswandel kann für Petrarca an der Kurie keine Rede mehr sein. *Ich habe festgestellt, daß es dort keine Frömmigkeit, keine Nächstenliebe, kein Vertrauen, keine Gottesachtung, keine Gottesfurcht, nichts Heiliges, nichts Gerechtes, nichts Billiges, nichts Genaues, letztlich nichts Menschliches gibt. Liebe, Schamhaftigkeit, Schicklichkeit und Lauterkeit haben sie [von dort] verbannt.*[165] Die Kurialen, schreibt Petrarca, regierten von oben herab und bewerteten die ihnen anvertrauten Schäflein nach dem, was ihre Wolle abwerfen würde. Mit kunstreichen Bullen würden die Gläubigen wie mit Netzen gefangen. Bittsteller brauchten an der Kurie vor allem Geld, denn Geld allein öffne die Türen zum päpstlichen Hof und verschaffe Gehör. *Mit Gold wird hier Christus verkauft.*[166] Aber nicht einmal derjenige, der sein Ziel erreicht zu haben glaubt, sei sicher. Denn, berichtet Petrarca, nicht selten werde er mit irreführenden Bescheiden abgefertigt, über die sich der ganze Hofstaat vor Lachen ausschütte. Kurz, von einer würdigen, ernstzunehmenden Kirchenregierung konnte für Petrarca in Avignon keine Rede sein.

In vielen Punkten traf sich Petrarca in seinen *Sine nomine*-Briefen mit anderen Kirchenkritikern seiner Zeit. Und er hätte sein Urteil über die Kurie, wie er einem Freund mitteilte[167], auch gerne in eine dem Thema angemessene poetische Form gekleidet, doch hat er vermutlich aufgrund von gestalterischen Schwierigkeiten und der schlechter zu wahrenden Anonymität schließlich davon Abstand genommen. Nur einige Spuren davon sind in ein großangelegtes Ge-

Vergil, Büste aus dem 1. Jahrhundert n. Chr. Rom, Musei Vaticani

dicht eingegangen, in dem Petrarca die vielfältigen Erfahrungen aus den vierziger und frühen fünfziger Jahren zusammengeführt hat: in das *Bucolicum carmen* (*Hirtengedicht*). Er will die an Vergils «Eklogen» inspirierte Dichtung in den späten vierziger Jahren *in erstaunlicher Geschwindigkeit* geschrieben haben[168], hat sie aber wie viele seiner Werke in Wirklichkeit auch in den nachfolgenden Jahrzehnten noch mehrmals überarbeitet und ergänzt. In den zwölf lateinischen Eklogen des *Bucolicum carmen* stellt Petrarca in pastoralem Ambiente Szenen und Gespräche zwischen zwei oder mehr von allegorischen Gestalten umgebenen Personen dar, wobei er Historisches und Biographisches verarbeitet.

Die Kritik an der Kurie in Avignon kleidet Petrarca beispielsweise in der sechsten Ekloge in ein Gespräch zwischen dem Hirten Pamphilus, dem «Alles-Liebenden», der für Petrus steht, und dem Hirten Mitius, dessen Name sich aus dem lateinischen Synonym «mitis» für «clemens» (=mild) herleitet und der daher als Papst Clemens VI. zu erkennen ist. Pamphilus-Petrus unterzieht in seinem Gespräch Mitius einer scharfen Kritik im Hinblick auf seinen Lebenswandel und das weltliche Treiben an der Kurie, das Petrarca auch in dem Hirtengespräch seiner siebten Ekloge geißelt. Dort tritt abermals Mitius auf, der nunmehr mit seiner Geliebten Epy über seine Herde (gemeint sind die Kardinäle der Kurie) spricht und ihre Krankheiten – vor allem ihre unmäßige Genußsucht – beklagt.

Ebenso verkleidet hat Petrarca in der fünften Ekloge die Ereignisse in Rom verarbeitet. Zwei Hirten, die für die beiden Geschlechter Orsini und Colonna stehen, diskutieren in dem Gedicht wortreich darüber, wie sie wohl ihrer leidenden Mutter, Rom, helfen könnten. Schließlich mischt sich ein weiterer Hirte ein, der darauf hinweist, daß ein dritter, von ihnen verachteter, aber rechtmäßiger Bruder (das römische Volk) inzwischen die Initiative zur Rettung der Mutter ergriffen habe.

Die politischen und kirchenkritischen Eklogen, mit denen Petrarca die allegorische Darstellung historischer Sachverhalte in pastoralen Szenarien für seine Zeit wiederbelebt, hat er mit Hirtengedichten umrahmt, in denen er den Blick auf andere Lebensbereiche richtet und persönliche Erfahrungen und Beobachtungen verarbeitet: die Dichtung und ihr Verhältnis zur Religion sowie die Frage, ob man sich einen Dichter zum Vorbild nehmen solle (I), die Gabe zu dichten als Geschenk Gottes (IV), Dichterkrönung und Ruhm (V), seine Trennung von den Colonna (VIII), die Erfahrung der Pest in Europa (IX), Vergänglichkeit, Niedergang des Ruhmes, der Tod Lauras (X, XI) und das Unheil des Krieges (XII). Es sind dies die Themen, die Petrarca in den vierziger und frühen fünfziger Jahren beschäftigten und die das *Bucolicum carmen* somit als eine allegorisch verbrämte Summe seines Denkens und Fühlens in diesen Jahren begreifen lassen.

Freunde und Feinde

Freunde sind die größten Zeitdiebe, hat Petrarca einmal geschrieben, um dann aber doch sogleich festzustellen: *Keine Zeit darf weniger als verloren angesehen werden, als die, die (nach der Zeit für Gott) für Freunde aufgewandt wird.*[169] Denn genau besehen, mußte er feststellen, war das, was zunächst als zeitlicher Verlust empfunden werden mochte, mit einem geistigen Gewinn verbunden. Vorausgesetzt man hatte die richtigen Freunde. Petrarca selbst zählte vornehmlich solche Menschen zu seinen Freunden, mit denen er sich gelehrt austauschen konnte. Freundschaftliche Bande knüpfte er dabei wie selbstverständlich auch über zeitliche Grenzen hinweg. Über sein zurückgezogenes Leben in Vaucluse, das er, so gesehen, stets in guter Gesellschaft verbrachte, konnte er daher schreiben: *Ich richte mir hier [...] mein Rom, mein Athen, meine geistige Heimat ein. Hier versammele ich alle Freunde, die ich habe und die ich hatte, und nicht nur jene, die sich durch familiären Umgang als Freunde erwiesen haben oder solche, die mit mir zusammen gelebt haben, sondern auch diejenigen, die vor vielen Jahrhunderten am Leben waren, die ich nur dank ihrer Schriften kenne oder die ich aufgrund ihrer Taten, ihres Charakters, ihrer Gesittung, ihres Lebens, ihrer Sprache und ihres Intellekts bewundere. Von überallher und aus allen Zeiten versammele ich sie häufig in diesem engen Tal um mich, und spreche mit ihnen mit einer viel größeren Freude, als wenn ich mit denen spreche, die lebendig zu sein scheinen.*[170] Wie *lebendig* für Petrarca tatsächlich die Toten waren, wird aus dem 24. Buch seiner *Familiares* ersichtlich. In ihm hat Petrarca seine Briefe an insgesamt neun Autoren des Altertums zusammengestellt.[171] Ihr Ton ist freundschaftlich-bewundernd, doch spart Petrarca auch nicht mit Kritik. Cicero etwa macht er Vorhaltungen wegen seines politischen Engagements im Alter, und Seneca geht er wegen seines zuwenig beherzten Vorgehens gegenüber seinem Schüler Nero an. Was ihn jedoch allen Autoren gegenüber am meisten beschäftigt, ist die schlechte Überlieferung ihrer Werke. In seinem Schreiben an Quintilian verfällt Petrarca angesichts dessen in ein Lamento über seine eigene Zeit. *Du machst es wie gewöhnlich!* hält er seinem Zeitalter vor. *Du bewahrst nichts sorgfältig auf, außer dem, was ruhig verlorengehen könnte. Oh säumiges und schnödes Zeitalter! So [verstümmelt] übergibst du mir die berühmten Männer, während du die allerdümmsten in Ehren hältst! Oh unfruchtbare und garstige Zeiten, die dem Erlernen und Schreiben von Dingen gewidmet waren, die man besser nicht wüßte!*[172] Gegen die *Unsitte* seines Zeitalters, sich nicht um die antiken Autoren zu kümmern, wollte Petrarca ankämpfen. Cicero gegenüber legte er ein großes Bekenntnis zur lateinischen Stilistik ab, wie er sie in der Prosa durch ihn und in der epischen Dichtung durch Vergil verwirklicht sah. Vor allem ihre Werke und ihre sprachliche Raffinesse wollte er dem Vergessen entreißen, und besonders ihre Erbschaft wollte er antreten. In seinen Briefsammlungen, den *Familiares*, den *Seniles*, und in seinem Epos *Africa* hat er sich bewußt an ihnen orientiert.

Durch sein Bemühen um die römische Literatur und durch seinen Einsatz für eine sprachlich-stilistische Rückbesinnung auf die großen Autoren des römischen Altertums hat Petrarca viele Gleichgesinnte kennengelernt, die er zu Freunden gewann. In Philippe de Cabassole, der es von seinem Bischofssitz in Cavaillon nicht weit nach Vaucluse hatte, fand er so stets einen anregenden Gesprächspartner. Am Hof von Kardinal Giovanni Colonna war es vor allem der flämische Kirchenmusiker und Sänger Ludwig von Kempen, der Petrarcas Interessen teilte und dem Petrarca dafür in späteren Jahren seine *Familiares* widmete. Zu Petrarcas Avignoneser Freunden zählte ferner Dionigi da Borgo San Sepolcro. Dem Einfluß des gelehrten Augustinereremiten hat Petrarca seine geistige Wende in den vierziger Jahren zugeschrieben: Durch Dionigi hatte er die «Confessiones» des Augustinus kennengelernt, über die er zur Lektüre der Kirchenväter gefunden hatte. Nicht von ungefähr hat Petrarca daher auch den Brief über seine Bekehrung auf dem Mont Ventoux an Dionigi adressiert.

Seinem neapolitanischen Freund Barbato da Sulmona begegnete Petrarca erstmals bei seinem Aufenthalt am Hof von König Robert im Februar 1341. Barbato zählte damals zu dem Kreis von Gelehrten, den der König um sich gesammelt hatte. Nach dem Tod Roberts (1343) hat sich Barbato ganz dem Studium der römischen Autoren verschrieben. Über die große Entfernung hinweg, die Avignon von Neapel trennte, verband Petrarca und ihn eine tiefe Freundschaft.[173] Auch wenn in Petrarcas Augen gegenseitige Sympathie jede geographische Distanz aufzuheben vermochte, hat Barbato alles darangesetzt, seinen Freund dafür zu gewinnen, nach Neapel überzusiedeln. Doch Petrarca war zunächst noch in Avignon gebunden. Und auch als er 1348 für längere Zeit nach Italien kam, hielt er sich (abgesehen von einem kurzen Abstecher nach Rom) im Norden auf. Dafür hat Petrarca seinerseits gehofft, Barbato nach Norditalien holen zu können. Auf Anregung von zwei Studienfreunden aus Bologneser Zeiten hatte er den Plan gefaßt, mit ihnen, mit Barbato und mit Ludwig von Kempen an einem Ort in Norditalien eine Lebens- und Arbeitsgemeinschaft von Gelehrten zu bilden. Das Projekt hat sich jedoch bald zerschlagen.

Wie sehr sich Petrarcas Autorität auf dem Gebiet der lateinischen Dichtung dank seiner Freunde und der zahlreichen Personen, die er an der Kurie und an den norditalienischen Höfen kennenlernte, herumgesprochen hatte, macht die erste Begegnung zwischen Petrarca und Giovanni Boccaccio deutlich. Boccaccio nämlich hat Petrarca mit der Absicht, ihn kennenzulernen, 1349 ein selbstverfaßtes Gedicht zur Begutachtung zugesandt. Persönlich hat er Petrarca erst ein Jahr später kennengelernt, als dieser 1350 auf seiner Romreise durch

Giovanni Boccaccio. Fresko von Andrea del Castagno, nach 1450. Aus dem Zyklus der «Uomini illustri» in der Villa Carducci in Legnaia, heute Florenz, S. Apollonia

Florenz kam. Petrarca erinnerte sich noch später gerne daran: *Eins*, schreibt er an Boccaccio, *kann ich niemals vergessen: wie Du, als ich mitten im Winter durch Italien eilte, mir auf halbem Weg nicht nur mit Zeichen der Leidenschaft, die wie Fußstapfen des Geistes sind, sondern persönlich entgegengeeilt kamst, um mich zu treffen, nachdem Du Dein bewunderungswürdiges Gedicht vorausgeschickt hattest, angetrieben von dem großen Verlangen, einen Mann zu sehen, dem Du noch nicht begegnet warst. Und so hast Du mir, den Du zu lieben be-*

schlossen hast, zuerst Deine geistige Statur und erst dann Deine physische bekannt gemacht. […] Du hast für mich [damals] die poetische Begegnung zwischen König Arcadius und Anchises erneuert, als er sagte: «Der Geist brannte von jugendlichem Eifer, den Mann zu treffen und seine Hand zu schütteln.» Auch wenn ich nicht wie er über anderen stand, sondern eher unterhalb von ihnen, so war Dein Geist doch nicht weniger entflammt.[174] Die Episode und der aufgesetzte, um des

Links: Petrarca ermuntert den ruhenden Boccaccio zum Studium der Literatur, über der Tür im Hintergrund das Motto «Peresse» («Faulheit»). Rechts: Boccaccio sitzt wieder an seinem Arbeitspult, vor ihm die von ihm in seinem Werk behandelten Personen. Miniatur von Jean Fouquet in dem Kapitel «Zurechtweisung des Autors» in einer französischen Übersetzung von Boccaccios «De casibus virorum illustrium libri novem» von 1458. München, Bayerische Staatsbibliothek, Cod. gall. 6, fol. 270 v

Zitats willen vorgebrachte Vergleich mit der anschließenden Korrektur auf seine eigene Person hin, ist für Petrarca und sein Freundschaftsverhältnis zu Boccaccio bezeichnend. Bei aller ehrlichen Zuneigung zu dem um neun Jahre jüngeren Freund, bei aller Anerkennung seiner Leistungen, blieb Petrarca der bildungsgesättigt-selbstbewußte, wohlmeinende Meister, Boccaccio der eifrige, bewundernde Schüler. Dabei hat Petrarca von der Freundschaft nicht zuletzt durch einen Freundschaftsdienst profitiert, den er Boccaccio mit seiner lateinischen Übersetzung der Griseldis-Geschichte [175] aus dem «Dekameron» erwies: Sie zählte bald zu Petrarcas verbreitetsten Arbeiten. Die Freundschaft zu Boccaccio hat Petrarca nicht wenig geschmeichelt, denn der Jüngere war stets darauf erpicht, in den Besitz von Texten Petrarcas zu kommen, um sie eingehend studieren und befreundeten Gelehrten vorlegen zu können.[176] Schließlich hat sich Boccaccio mit seinen Florentiner Freunden, mit denen er wie auch mit Petrarca häufig Manuskripte tauschte, 1351 darum bemüht, Petrarca dazu zu überreden, nach Florenz zu ziehen. Ihm sollte die Leitung der Florentiner Universität übertragen werden [177], doch Petrarca kehrte nach Avignon zurück.

Auch nach dem Tod von Kardinal Giovanni Colonna hatte Petrarca offensichtlich noch Verpflichtungen an der Kurie. Welcher Art seine Arbeit in Avignon war, ist nicht bekannt; nur daß ihm seine Tätigkeit dort zunehmend zur Last wurde. Dazu hat gewiß auch das Klima an der Kurie beigetragen, das französisch geprägt war und von Italienern nicht immer als angenehm empfunden wurde. Petrarca hatte jedenfalls, wie er in einem Brief berichtet, *schon als Kind, soweit es das zarte Alter zuließ, gewaltige Abneigung gegenüber [einem französischen Kardinal] enwickelt, der gegenüber uns [Italienern] von unerklärlichem Haß und unendlichem Stolz erfüllt war* [178]. Und die Zahl der französischen Kurialen, die eine Rückkehr des Papstes nach Rom ablehnten und offen Stellung gegen Italien bezogen, war nicht geringer geworden.

Das Verhältnis Petrarcas zu einigen der Avignoneser Päpste war dagegen gut, was zunächst auf seinen Status als Familiar von Kardinal Giovanni Colonna zurückgeführt werden kann. Aber auch nach dessen Tod stand Petrarca etwa mit Clemens VI. und Urban V. in ausgesprochen freundschaftlichen Beziehungen. Aber das konnte wiederum Neid wecken.

Neid schwang auch in dem Streit mit, der 1352 zwischen Petrarca und einem Arzt entbrannte. *Wohlmeinend*, resümiert Petrarca den Auslöser des Konflikts, *hatte ich den Römischen Papst, Clemens VI., der damals krank war, gewarnt, sich vor den Ärzten in acht zu nehmen, und wahrhaftig nicht vor allen, sondern vor vielen, nach dem Beispiel des sterbenden Mannes, der als Grabinschrift in Auftrag gab: «Durch eine Gruppe von Ärzten bin ich umgekommen.» [...] Und ich warnte ihn davor, zwei Ärzte zu wählen und riet ihm zu nur einem, und nicht zu einem, der seine Stärke in Beredsamkeit, sondern in Wissen und Loyalität hat.*[179] Damit aber hatte Petrarca den Unwillen eines Arztes an der Kurie heraufbeschworen, der ihn aufs heftigste attackierte. Nicht nur daß er ein großes Lob auf die Medizin anstimmte und dafür die Dichtung als sekundär bezeichnete; er griff Petrarca persönlich an und bezeichnete ihn als arrogant, ruhmsüchtig, stolz, schmeichlerisch und wenig logisch denkend. – Von dem Streit ist lediglich Petrarcas Antwort erhalten, zusammengefaßt in den vier *Invective contra medicum* (*Invektiven gegen einen Arzt*).

Petrarca ist es, wie er von Anfang an klarstellt, in seinen *Invektiven* nicht um eine Kritik an allen, sondern nur an einzelnen, unwürdigen Vertretern der Heilkunst zu tun. Und er ist sich sicher: *Wenn die Medizin sprechen könnte, würde sie mir lebhaft dafür danken, mit meinen Worten die Infamie der heutigen Ärzte aufgedeckt zu haben, die mit ihren neuen Fehlern den altehrwürdigen Ruhm der Medizin ausgelöscht haben.*[180] Die Fehler der von ihm kritisierten Ärzte bestehen für Petrarca nicht in medizinischen Irrtümern, sondern darin, daß sie sich mehr anmaßten, als ihnen zustand: Sie hatten die Medizin aus dem Verband der «artes mechanicae» (zu denen sie zu Petrarcas Zeiten zählte[181]) herausgelöst und über alle anderen Künste gestellt. Und sie hatten die Heilkunst zu einer «logischen», quasi-philosophischen Wissenschaft erhoben, die mit dem Heilen von Krankheiten nichts mehr zu tun hatte. *Die Ärzte im Altertum*, hält Petrarca seinen Gegnern vor, *pflegten still zu heilen. Ihr [dagegen] tötet, indem ihr Reden schwingt, streitet, schreit.* Und er präzisiert: *Einstmals heilte man die Kranken ohne Syllogismen, und sie wurden gleichsam ins Leben zurückbefördert. [...] Wie verändert sind die Zeiten! Während ihr Syllogismen aufstellt, sterben die Personen, die ohne Eure Behandlung hätten am Leben bleiben können.*[182]

Da sich die Ärzte, wie hier beschrieben, als Dialektiker gerierten, Naturerscheinungen logisch zu erfassen suchten, aber gerade dadurch die Natur aus den Augen verloren, wurden Petrarcas Arzt-Invektiven zu mehr als nur zu einem Bündel von Ärztekritiken: Sie wurden zu einem Korpus polemischer Schriften gegen die Scholastik. Die Scholastiker nämlich hatten die Dialektik zum bevorzugten Erkenntnisinstrument erhoben. Sie beanspruchten, mit ihren logischen Analysen zur Erkenntnis absoluter Wahrheiten zu gelangen – ein Anspruch, dem sie in Petrarcas Augen nicht gerecht wurden, ja, nicht gerecht werden konnten. Auch wenn sich die «dialektisierenden» Ärzte (wie sein Gegner) viel auf ihre klare Wissenschaft zugute hielten, so konnten sie doch nicht alles bis ins letzte ergründen. Gott selbst, hält Petrarca ihnen vor, hat das verhindert: *In wie vielen Hinsichten ist das Wort Gottes dunkel und komplex! Und da es von dem Geist vorgebracht wurde, der die Menschen selbst und die Welt erschaffen hat: hätte er da nicht, wenn er gewollt hätte, neue Worte erfinden und sie klarer benutzen können?* [183] In zweifacher Hinsicht werden für Petrarca daher die «neuen» Ärzte ihren Ansprüchen nicht gerecht: Sie heilen weder die Kranken, noch gelangen sie zu absoluten Wahrheiten.

Sein Gegner hatte als Arzt die Heilkunst über die Dichtkunst gestellt und so Petrarca Gelegenheit zum Gegenangriff gegeben. Er konnte nachweisen, daß sowohl die Dunkelheit in der Dichtung ihren Sinn hat als auch die Dichtkunst über der Medizin steht im Hinblick auf die Nützlichkeit für den Menschen: *Die Absicht des Poeten*, schreibt Petrarca über die dunkle Ausdrucksweise der Dichter, *ist es, die konkreten Wahrheiten mit Schleiern zu versehen, damit sie dem unwissenden Pöbel verborgen bleiben [...], und damit es für die intelligenten und gebildeten Leser schwieriger und zugleich beglückender ist, sie aufzufinden.* Und über die Nützlichkeit der Dichter hält er seinem Gegner vor: *Wach auf! [...] Dann wirst Du sehen, wie [die Dichter] in ewigem Ruhm und Ansehen erstrahlen, die sie nicht nur sich allein verschafft, sondern auch anderen verliehen haben, insofern ihnen das Vorrecht zuerkannt worden ist, den Namen von Menschen, die dazu bestimmt sind, größer als andere zu sein, Unsterblichkeit zu verleihen.* [184] Die Ärzte dagegen befaßten sich nur mit Vergänglichem – und schon das in unzulänglicher Weise. Und sie schrieben im Gegensatz zu den Dichtern einen miserablen Stil.

Die Argumente waren nicht neu: Petrarca hatte sie schon verschiedentlich in seinen Werken vorgebracht. Neu war in den Arzt-Invektiven allein ihre direkte Gegenüberstellung mit den Behauptungen der Scholastiker(-Ärzte). Doch das gerade war es, was den großen Erfolg der *Invektiven* ausmachte: Die beiderseitigen Argumente, die Petrarca in ihnen präsentierte, sollten im Streit zwischen den nachfolgenden Humanistengenerationen und den Scholastikern immer wieder vorgebracht werden.

Rückkehr nach Italien

Mailand und Venedig

Ich bin weder lebendig noch gesund, weder tot noch krank: Ich werde erst zu leben beginnen, wenn ich den Ausgang aus diesem Labyrinth gefunden habe.[185] Als Petrarca Anfang April 1352 diese Zeilen schrieb, machte er unter Freunden schon lange keinen Hehl mehr daraus, daß er sich so bald wie möglich aus den *Klauen Babylons*[186] befreien wollte. Sein Aufenthalt an der Kurie wurde dem knapp Achtundvierzigjährigen immer mehr zur Last. Sogar das einst so geliebte Vaucluse hatte durch die Nähe zu Avignon für ihn an Reiz verloren.[187] Es sollte allerdings noch bis zum Frühjahr 1353 dauern, bis Petrarca die Provence endgültig verlassen konnte. Sein Ziel war Italien. Wo genau er dort Fuß fassen würde, wußte er zur Zeit seiner Abreise noch nicht. Doch seine Chancen, an einem Fürstenhof unterzukommen, standen sehr gut. Petrarca war ein bekannter «poeta laureatus», der (wie er selbst betont hatte) durch seine Verse literarische Unsterblichkeit verleihen konnte; er war ein Prosaschriftsteller und Briefeschreiber, der es verstand, den Ereignissen des täglichen Lebens Exemplarisches abzugewinnen und mit gelehrten und moralphilosophischen Erörterungen Interesse zu wecken; er verfügte über wichtige Verbindungen nicht nur zu Gelehrten, sondern auch zu hohen geistlichen und weltlichen Würdenträgern; und er war ein Mann mit Gesandtschaftserfahrungen.

Daß angesichts anderer Angebote Petrarcas Wahl ausgerechnet auf Mailand fiel, war seinen Freunden, allen voran Giovanni Boccaccio, vollkommen unverständlich.[188] In Mailand führte Erzbischof Giovanni Visconti das Regiment, der wegen seiner rigorosen Expansionspolitik in Norditalien gefürchtet und verhaßt war. Wie konnte Petrarca, der noch wenige Jahre zuvor beklagt hatte, daß der ganze Norden Italiens von einer *unsterblichen Tyrannis*[189] beherrscht werde, nun die Gunst eines Tyrannen annehmen? – Petrarca begründete seinen Schritt damit, daß er nicht habe arrogant erscheinen wollen und so das Angebot, in Mailand in Ruhe und Frieden und ohne Verpflichtungen zu leben, nicht habe ausschlagen können. Und 1355, als er auch aus Avignon wegen seines Aufenthalts in Mailand angegriffen wurde, führte er zu seinem Status im Herzogtum der Visconti gegenüber seinem Kritiker aus: *Ich lebe mit ihnen, nicht unter ihnen, und ich wohne in ihrem Herrschaftsgebiet, nicht in ihren Häusern. Ich habe mit ihnen nichts zu tun, abgesehen von den Annehmlichkeiten und den Ehrenbekundungen, mit denen sie mich, soweit ich es zulasse, großzügig und fortwährend überhäufen. Beratungen, das Ausführen ihrer Angelegenheiten und die Verwaltung der öffentlichen Ämter sind anderen anvertraut, die für so etwas geboren sind, während für mich nichts anderes geeignet ist als Muße, Stille, Sicherheit und Freiheit: Dies sind meine Interessen, das sind meine Angelegenheiten. Deshalb suche ich, wenn sich die anderen morgens zum Palast begeben, die mir bekannten Wälder und einsamen Orte auf. Und daß ich Herren habe, merke ich allein daran, daß ich Geschenke und Benefizien erhalte, denn es ist mir versprochen (und bis auf den heutigen Tag treu eingehalten) worden, daß man nichts anderes von mir verlangt, als meine Gegenwart und meinen Aufenthalt in dieser allerblühendsten Stadt und an diesen reizenden Orten, eine Gegenwart, die, wie sie sagen, ihnen und ihrem Herrschaftsgebiet zum Stolz gereicht.*[190]

Petrarca wußte, daß er unter dem ihm gewogenen Gewaltherrscher in Frieden leben konnte. Und darauf kam es ihm an. Die Herrschaftsform interessierte ihn dann offensichtlich nicht mehr. So wohnte Petrarca weitgehend unbehelligt in einem Haus am Rand der Stadt in unmittelbarer Nachbarschaft der Kirche Sant'Ambrogio. Später dann, 1359, sollte er in ein kleines Haus in der Nähe des Klosters San Simpliciano ziehen, das etwas außerhalb von Mailand lag. Doch ganz so ungestört, wie er es beschrieb, war sein Leben nicht. Erzbischof Giovanni Visconti hat Petrarca schon ein Jahr nach seiner Ankunft in Mailand zu Friedensverhandlungen nach Venedig geschickt. Und auch die Neffen von Giovanni, Bernabò und Matteo Visconti, die nach seinem Tod im Herbst 1354 die Herrschaft in Mailand übernahmen, haben Petrarca mit diplomatischen Missionen betraut: um Streitigkeiten mit Aufständischen in ihrem Herrschaftsgebiet beizulegen (1359) und um ihre Machtinteressen gegenüber dem deutschen Kaiser (1356) und dem französischen König (1361) geltend zu machen. Allerdings, rechnet Petrarca Jahre später Boccaccio in einem Brief vor, habe er damit vergleichsweise wenig Zeit verloren: *Einmal wurde ich nach Venedig gesandt, um über die Wiederherstellung des Friedens zwischen der Stadt und Genua zu verhandeln; später in Friedensangelegenheiten in Ligurien: drei Sommermonate in größter Barbarei, mit dem Römischen Kaiser, der (Gott sei's geklagt!) die Hoffnungen auf das Imperium wiederbelebte oder richtiger gesagt: fahren ließ. Schließlich weitere drei Wintermonate, um König Johann von Frankreich zu gratulieren, der damals aus einem englischen Gefängnis freigekommen war. Da ich mich auf diesen drei Reisen sehr auf meine gewöhnlichen Angelegenheiten konzentrierte, bezeichne ich diese Tage als verloren, denn ich hatte keine Gelegenheit, etwas aufzuschreiben oder meine Gedanken in meinem Gedächtnis festzuhalten. […] Das sind dann also die sieben Monate, die ich im Dienste von Fürsten verloren habe; ein enormer Verlust, ich streite es nicht ab. Aber*, fügt er ablenkend hinzu, *wäre doch nur der Verlust durch die Nichtigkeiten und leeren Handlungen in meiner Jugend geringer!*[191]

Die Tage der Gesandtschaftsreisen mochten für Petrarcas Studien und literarische Projekte fruchtlos gewesen sein, doch auf andere Weise haben sie ihm auch genützt. In Prag konnte er die Freundschaften zu den Gelehrten im Umkreis von Karl IV. vertiefen. Einige von ihnen hatte er bereits in Modena kennengelernt, als Karl IV. dort 1354 auf seiner Reise nach Rom, zur Kaiserkrönung, Station machte. Vor allem in dem Hofkanzler des Kaisers, Johann von Neumarkt, hat Petrarca einen gelehrten Freund gewonnen, mit dem er in Briefkontakt blieb und der wesentlich dazu beigetragen hat, Petrarcas Namen nördlich der Alpen bekannt zu machen.[192]

In Paris wiederum hatte Petrarca nach eigenem Bekunden mit seiner Rede vor König Johann II. am Hof Aufsehen erregt. In ihr hatte er über das Wirken der *Fortuna* und die Wechselfälle des Glücks gehandelt.[193] Eine geschickte Themenwahl, denn König Johann war erst kurz zuvor aus einer über vierjährigen Gefangenschaft bei seinem Kriegsgegner England nach Paris zurückgekehrt. Das Thema lag für Petrarca allerdings zu dieser Zeit besonders nahe, denn er hatte in Mailand mit der Arbeit an einem neuen Buch begonnen, dem er den Titel *De remediis utriusque fortunae* gab: *Über die Heilmittel gegen Glück und Unglück.*

Das Werk, in dem Petrarca über den Umgang mit positiven und negativen Erfahrungen im Leben belehrt, kann als Frucht seiner Reflexionen über die Lebensgestaltung angesehen werden, wie er sie sich selbst in seinem *Secretum* verordnet hatte. Genauer betrachtet erscheint *De remediis* dann als Ergebnis einer Verschränkung von Petrarcas christlichen Grundanschauungen mit den Lehren, die er aus seiner langjährigen Beschäftigung mit der stoischen Philosophie gewonnen hatte, wie sie ihm aus den Werken von Cicero und Seneca vertraut war: Den Forderungen, alles im Leben mit Abstand zu betrachten, sich keinen Illusionen hinzugeben, Extreme zu vermeiden und die Leidenschaften zu zügeln hatte er schon verschiedentlich in seinen Briefen Ausdruck verliehen. Nun hatte er sie in einem Buch *wahrhaftiger Philosophie* zusammengetragen, denn, schreibt er in der Einleitung: *Das ist wahre Philosophie: eine solche, die sich nicht auf trügerischen Flügeln emporschwingt und sich in der windigen Prahlerei unfruchtbarer Gespräche herumtreibt, sondern die mit sicheren und gemessenen Schritten direkt auf das Heil zugeht.*[194] Deshalb auch die ansprechende Gestaltung des Werks. Petrarca läßt darin die personifizierte *Vernunft* mit ebenfalls in persona auftretenden menschlichen Empfindungen kurze Gespräche führen. Im ersten Buch sind es insgesamt 122 Dialoge mit *Hoffnung* und *Freude*. Im zweiten Buch unterhält sich dann die *Vernunft* in weiteren 131 Zwiegesprächen mit *Furcht* und *Schmerz*. *Hoffnung* und *Freude* präsentieren der *Vernunft* einen Katalog der Freuden, die das Leben den Menschen dank einer gewogenen *Fortuna* bereithält; *Furcht* und *Schmerz* dagegen führen die Leiden an, die einer feindlichen *Fortuna* zuzuschreiben sind. Allen erwidert die *Vernunft* in Einzelgesprächen, wie in der jeweiligen von Glück oder Unglück bestimmten Lebenssituation zu verfahren sei. Ziel Petrarcas ist es dabei, durch die Stellungnahmen der Vernunft ein Lehrbuch für ein Leben in heiterer Ausgeglichenheit zusammenzustellen, ein Leben, das in jeder Lage von Geduld und Maßhalten bestimmt wird[195], in dem Extreme vermieden werden. In diesem Sinn warnt die *Vernunft* im ersten Buch etwa davor, den materiellen und geistigen Freuden des Lebens zu verfallen oder sich sinnlosen Hoffnungen hinzugeben. Vor allem wenn sie auf Liebe und Ruhm zu sprechen kommt, treten die Ähnlichkeiten zu Petrarcas Ausführungen im dritten Teil des *Secretum* deutlich hervor. Das zweite Buch wird von der Absicht zu trösten bestimmt: Ob von materiellen Nöten, Liebeskummer, Unglück in der Ehe, Altersleiden, Krankheit oder Tod die Rede ist – die *Vernunft* sucht Trost zu spenden, für Mäßigung im Umgang mit schweren Lebenssituationen zu werben und Mut zu machen. Nicht zuletzt deshalb dürfte dem Werk der große Erfolg beschieden gewesen sein, der es neben der Gedichtsammlung *Rerum vulgarium fragmenta* über Jahrhunderte hinweg zum erfolgreichsten Werk Petrarcas machen sollte.

Petrarca, mit den Zügen Sebastian Brants ausgestattet, schreibt in einer frei in der Natur stehenden Villa, womit wohl die Stimmung der Abgeschiedenheit von Vaucluse bildlich vermittelt werden soll. Holzschnitt des Petrarcameisters in: Francesco Petrarca: «Von der Artzney bayder Glueck» («De remediis»). Augsburg 1532

Petrarca hat zwar im einleitenden Widmungsbrief zu *De remediis* an Azzo da Correggio behauptet, daß er das Werk *in äußerst wenigen Tagen geschrieben*[196] habe. Doch das dürfte bei dem erheblichen Umfang des Werks wenig glaubhaft scin – sclbst bei der Arbeitsweise, die sich Petrarca in den späten fünfziger Jahren angewöhnte. Angesichts seiner vielen literarischen Vorhaben war Petrarca darauf aus, seine Leistung zu steigern: *Ich lese und schreibe Tag und Nacht, wobei ich damit gerne abwechsle, so daß die eine Tätigkeit als Erholung für die andere dient. Nichts anderes gereicht mir zur Freude, keine andere Lust habe ich am Leben. Ja, diese Beschäftigung nimmt mich derart ein, daß ich kaum wüßte, wo ich Arbeit oder Ruhe suchen müßte, wenn sie mir entzogen würde.*[197] Daher sei er darauf bedacht, daß seine ohnehin knappe Zeit nicht noch verkürzt werde: *Ich bemühe mich in je-*

der Hinsicht darum, daß sich nichts mit meinen wichtigeren Angelegenheiten überkreuzt, abgesehen von den Bedürfnissen der herrischen Natur, das heißt: Schlafen, Essen und eine kurze und bescheidene Erholung, die dazu dient, den Körper zu stärken und den Geist zu erfrischen.[198] Und: *Bei dieser Zeitknappheit folge ich Augustus und pflege, während ich mich kämme oder rasiere, zu lesen oder zu schreiben oder höre jemandem zu, der liest, oder diktiere Schreibern etwas. Und, was noch mehr ist [...]: Ich habe die Gewohnheit angenommen, dies auch beim Reiten oder Essen zu tun. So habe ich oft [...] auf dem Rücken eines Pferdes gleichzeitig ein Gedicht und eine Reise beendet, und [...] meine Feder ragt immer zwischen den kargen Gerichten hervor und kein Tisch ist bei mir jemals ohne Schreibtafeln.*[199] Allerdings brachte diese Lebensweise auch manche Schwächeerscheinung mit sich: *Manchmal*, gesteht Petrarca, *rebelliert [...] der Geist, meutern die Augen; den Geist überkommt Schwäche und die Augen Laxheit; und wenn ich die Augen, die mir einstmals in meiner Verblendetheit gefallen haben, von häufigen Nachtwachen angestrengt und mit schwarzen Ringen versehen im Spiegel betrachte, wundere ich mich und frage mich bei mir im stillen, ob ich das bin.*[200]

Die Arbeiten, denen Petrarca sich mit solchem Eifer widmete, bestanden vornehmlich in der Überarbeitung und Ergänzung bereits begonnener Werke: seinem *Bucolicum carmen*, seiner Schrift *De vita solitaria*, dem Epos *Africa*, seinen volkssprachlichen Versen an Madonna Laura und den *Trionfi*.

Petrarcas strebsames Arbeiten wurde im Sommer 1361 abrupt unterbrochen. Eine neuerliche Pestepidemie hatte Mailand erreicht. Petrarca entschied sich zunächst, nach Padua überzusiedeln, wo er als Kanoniker der Kathedrale ein kleines Haus besaß. Mit den Visconti stand er weiterhin in guter Verbindung. Allein die Tatsache, daß er Mailand verlassen hatte, rief sofort Petrarcas Bekannte und Freunde wieder auf den Plan. Schon 1360 hatte Petrarca an Boccaccio geschrieben: *Fast alle [meine Freunde] hätten mich gerne an einem anderen Ort; darin sind sie alle einer Meinung. Aber wo? Im Hinblick darauf sind die Meinungsverschiedenheiten groß: Ein Teil ruft mich nach Padua, ein anderer nach jenseits der Alpen, ein weiterer in meine Heimat. All diese Rufe haben ihre Berechtigung, wenn es nur nicht fast unmöglich wäre, ihnen nachzukommen!*[201] Einladungen stellten sich nun von neuem aus allen Himmelsrichtungen ein: Paris, Prag, Florenz und Avignon. Doch Petrarca entschied sich nach mehreren Reisen, die er aufgrund von Kriegswirren in Norditalien abbrechen mußte, schließlich für Venedig. Mit der Stadt traf

Westfassade von San Marco in Venedig. Foto, um 1900

er 1362 ein Abkommen, in dem geregelt wurde, daß nach seinem Tod seine Bücherschätze an die Bibliothek des Doms von San Marco gehen sollten und Venedig ihm dafür im Gegenzug ein Haus zur Verfügung stellte, in dem er Wohnrecht bis zu seinem Tod hatte. Den Palazzo Molin an der Riva degli Schiavoni, den ihm die Stadtoberen daraufhin zuwiesen, bezog Petrarca im Herbst 1362. Er richtete sich auf ein ruhiges Leben ein, zusammen mit seiner 1342 geborenen und inzwischen verheirateten Tochter Francesca und ihrer Familie, die 1363 zu ihm zog.

Die Zeit in Venedig verbrachte Petrarca *äußerst beschäftigt* und auf seine verschiedenen Werke *konzentriert*[202]. Nur vereinzelt unternahm er Reisen. Von größeren Unternehmungen, wie einer Fahrt nach Jerusalem, für die ihn ein Bekannter gewinnen wollte, nahm Petrarca Abstand. Er reiste lieber auf dem Papier und schrieb für seinen Bekannten ein *Itinerarium*[203] (*Wegbeschreibung*) einer Pilgerfahrt ins Heilige Land. Nur in Norditalien reiste er noch vereinzelt: nach Pavia, zu den Visconti oder nach dem nahegelegenen Padua, wo er sich im Herbst 1364 aufgrund einer (von ihm nicht näher spezifizierten) *schweren und lästigen Krankheit* Ärzten anvertrauen und Thermalbädern unterziehen mußte. *Ich würde*, schreibt er darüber, *ja alles mit Gleichmut ertragen, wenn ich dadurch nicht von meinen Studien abgehalten würde, aber genau das werde ich.*[204]

Wenn Petrarca auch in den Bädern nicht zum Arbeiten kam, er arbeitete, wie er geschrieben hatte, auf Reisen. So ist (zumindest vorgeblich) die wichtigste Schrift seiner Venezianer Zeit im Mai 1367 während einer Schiffsreise auf dem Po nach Pavia entstanden: *De sui ipsius et multorum ignorantia* (*Über seine und vieler anderer Unwissenheit*).

Anlaß zu dem Buch war, daß vier junge, mit Petrarca befreundete Männer von ihm (wie er erfahren hatte) als einem *guten Menschen ohne Bildung*[205] gesprochen hatten. Petrarca wollte die Sache, die seiner Meinung nach auf Neid unter Gelehrten zurückzuführen war, ursprünglich auf sich beruhen lassen.[206] Er war aber dann von einem Freund dazu überredet worden, auf die Beleidigung schriftlich zu reagieren. Die Erwiderung wuchs sich zu einem kleinen Buch aus. Petrarca weist darin auf, daß es im Leben auf ganz anderes ankommt als auf bloßes Wissen. Nicht wissend zu sein, sondern gut, zeichnet für ihn den wahren Menschen aus.[207] Das philosophische Wissen seiner Kritiker, in denen er Aristoteliker erkennt, erklärt er für irrelevant. Nicht daß Petrarca Aristoteles nicht geschätzt hätte, doch hatte er von seinem christlichen Standpunkt aus gesehen aus Unkenntnis des wahren Heils nichts von Bedeutung geschrieben. Es sind aber mehr noch die kritiklosen Schüler des Aristoteles, die Petrarca dafür angreift, daß sie *ohne Rücksicht auf den Glauben*[208] reden und sich mit Unwesentlichem befassen. Die Kenntnisse der Zoologen etwa, die wissen, *wieviel Haare der Löwe auf dem Kopf hat, wieviel Federn der Falke am Schwanz, mit wieviel Armen der Meerespolyp den Schiffbrüchigen umschlingt*, kommentiert Petrarca nur mit dem Satz: *Wenn es schließlich auch wahr wäre, trüge es nichts zu einem glücklichen Leben bei.*[209] Die Kritik von Menschen, denen es nur um äußerliches Wissen ging, konnte Petrarca nicht treffen. Und er war bereit, sich ihnen gegenüber provokant selbst als Unwissender zu bezeichnen. Denn ihm ging es um anderes: Im Sinne einer praktischen Philosophie, wie er sie in seiner Schrift *De remediis* definiert hatte, war es ihm darum zu tun, aus seinem Erfahrungswissen heraus nützliche Erkenntnisse weiterzugeben, die ein glückliches

Aristoteles und Platon. Relief von Luca della Robbia (1399–1482). Florenz, Campanile des Doms

Leben ermöglichen mochten. Das konnte gleichermaßen in einer Tugendlehre erfolgen, die auch Aristoteles, der philosophische Meister seiner Kritiker, vorgelegt hatte. Doch hatte Aristoteles nach Petrarcas Ausführungen in ihr den entscheidenden Schritt nicht vollzogen: *Was*, fragt er, *nützt es zu wissen, was Tugend ist, wenn man sie trotz dieser Kenntnis nicht liebt?* [210], um sodann vorzuführen, wie man sowohl zur Kenntnis als auch zur Liebe der Tugenden gelangen kann. Dabei stützt sich Petrarca vor allem auf Platon und

Cicero, die er als Beispiele heidnischer Gelehrter vorführt, die (im Gegensatz zu Aristoteles) mit den Augen eines Christen gelesen wahrhaft nützlich seien. Sie, schreibt er, könnten geradezu als Christen angesehen werden, und sie wären sicherlich Christen geworden, hätten sie nur nach Christi Geburt gelebt. Im Sinn der an eine Passage aus dem «Gottesstaat» von Augustinus angelehnten Formulierung *Frömmigkeit ist Weisheit*[211] gelingt es Petrarca so, die aus einem gefestigten Christentum heraus vollzogene Lektüre antik-heidnischer Autoren als nützlich darzustellen. In seinem *Secretum* hatte er dies Augustinus in ähnlicher Weise schon Francesco vorführen lassen, um ihn von Äußerlichkeiten abzulenken und für die inneren, geistigen Werte des menschlichen Lebens zu sensibilisieren. In seiner Wendung gegen die aristotelischen Naturphilosophen seiner Zeit gelang es Petrarca nun, seine Ansichten in einer aktuellen Diskussion schärfer zu fassen. In der Verteidigung seiner eigenen Auffassung von dem für einen Menschen wesentlichen Wissen hat er damit den Grundtext einer praktischen Philosophie des christlichen Humanismus verfaßt.

Padua und Arquà

In Padua und dem südlich der Stadt in den Euganeischen Hügeln gelegenen Arquà verbrachte Petrarca die meiste Zeit seiner letzten sieben Lebensjahre. Der Grund für den erneuten Wechsel seines Wohnsitzes im Frühjahr 1368 dürfte in den wiederholten, drängenden Einladungen von Francesco da Carrara, dem Signore der Stadt, zu suchen sein, denen Petrarca schließlich nachgab. Von ihm hatte er schließlich auch das Grundstück für sein Haus in Arquà geschenkt bekommen. Daneben mag aber auch der Gesundheitszustand des Vierundsechzigjährigen eine Rolle gespielt haben, der sich zunehmend verschlechterte. Schon in den Jahren zuvor hatte Petrarca verschiedentlich Ärzte in Padua konsultiert, dessen Universität für ihre medizinische Fakultät berühmt war. Und er hatte die Thermalbäder von Abano aufgesucht, das zwischen Padua und seinem neuen Domizil in Arquà lag.

Auf größere Reisen mußte Petrarca mit Rücksicht auf seine Gesundheit jedenfalls schon bald verzichten. Zwar hat er noch im Sommer 1368 auf Einladung der Visconti eine Fahrt nach Pavia unternommen, um als Friedensunterhändler zwischen ihnen und Kaiser

Francesco Petrarca (Mitte). Ausschnitt aus dem Fresko «Begräbnis der Hl. Lucia» von Altichiero, um 1380. Padua, Oratorio di S. Giorgio

Karl IV. zu wirken, doch mußte er im April 1370 eine Romreise aus gesundheitlichen Gründen abbrechen. Petrarca schmerzte dies besonders. Zu seiner großen Freude hatte er nämlich erfahren, daß Papst Urban V. im Dezember 1367 endlich mit der Kurie nach Rom zurückgekehrt war. Petrarca hatte den Papst darin brieflich gegen die französischen Kardinäle unterstützt, die für ein Verbleiben der Kurie in Avignon plädiert hatten, ein Umstand, der noch Jahre spä-

Petrarcas Haus in Arquà

ter zu einem heftigen verbalen Schlagabtausch zwischen Petrarca und einem französischen Ordensgeistlichem führte.[212] Doch Petrarca sah sich zum Reisen nicht mehr in der Lage. An seinen Freund Philippe de Cabassole hat er über seinen Gesundheitszustand geschrieben: *Christus, Gott zum Zeugen der Wahrheit! – Ich könnte nicht in die benachbarte Kirche gehen außer auf den Armen von Freunden oder Dienern, es sei denn ich könnte fliegen. […] Ich habe keine Hoffnung, daß ich jemals wieder meine gewohnte Kraft oder überhaupt irgendeine Kraft zurückerlangen werde. Wie du weißt, bin ich jetzt in fortgeschrittenen Jahren, verbraucht und erschöpft über die Maßen; und genau so wie der Apostel sagt: «Unsere Kraft war erschöpft, so sehr, daß wir am Leben verzweifelten. Aber wir haben unser Todesurteil hingenommen, weil wir unser Vertrauen nicht auf uns selbst setzen wollten, sondern auf Gott, der die Toten auferweckt».*[213]

Aber auch wenn Petrarca zeitweilig so geschwächt war, daß er sich eines Schreibers bedienen mußte[214], er mochte doch nicht vom Studieren und Schreiben lassen. Seinem Freund Boccaccio, der ihm vorgeschlagen hatte, sein Leben auf die alten Tage zu genießen und auch den anderen noch etwas zum Schreiben übrigzulassen, antwortete er: *Fortwährende Arbeit und Konzentration sind Nahrung für meinen Geist; wenn ich anfange auszuruhen und langsamer zu treten, werde ich bald aufhören zu leben. Ich kann meine Kräfte gut einschätzen; ich bin aus meiner Gewohnheit heraus für keine andere Arbeit geeignet. Dieses mein Lesen und Schreiben, das Du mich aufzugeben bittest, ist eine leichte Arbeit oder vielmehr eine angenehme Ruhe, die mich schwere Arbeiten vergessen macht. Keine Last ist so leicht zu bewegen wie eine Schreibfeder [...]. Die Feder [...] bezaubert sowohl, wenn du sie in die Hand nimmst, als auch wenn du sie niederlegst, und sie nützt nicht nur ihrem Herrn, sondern vielen anderen, oft auch solchen, die weit entfernt sind, die manchmal erst Tausende von Jahren auf einen folgen.*[215] Und diesen örtlich wie zeitlich entfernten Lesern hatte er noch viel zu sagen. Er verfaßte weiterhin unermüdlich Briefe, die er nun in einer zweiten Briefsammlung, den *Seniles* (*Altersbriefe*) zu sammeln begann. Und er wandte sich älteren Arbeiten zu, die er lange hatte liegenlassen, nun aber noch zu einem Abschluß zu bringen hoffte.

Mit den Lebensbeschreibungen berühmter Männer des Altertums hat sich Petrarca auf Wunsch von Francesco da Carrara noch

Der große Saal in Petrarcas Haus

einmal beschäftigt. Der Signore von Padua hatte beschlossen, einen großen Saal in seinem Palast, die heute so genannte Sala dei Giganti (Saal der Giganten), mit historischen Figuren ausmalen zu lassen, und Petrarca deswegen nach geeigneten geschichtlichen Gestalten gefragt. In diesem Zusammenhang hatte er auch die Veröffentlichung des *De viris illustribus*-Manuskripts angeregt, das sich Petrarca seit Ende der dreißiger Jahre verschiedentlich wieder vorgenommen und um Biographien von nichtrömischen «berühmten Männern» erweitert hatte. In der nun neuerlich geplanten endgültigen, Francesco da Carrara gewidmeten Fassung kam Petrarca wieder auf die ursprüngliche Anlage des Werks zurück. Den jetzt wieder sechsunddreißig Lebensbeschreibungen bedeutender Römer von Romulus bis Trajan hat er den Titel *Quorundam virorum illustrium epithoma* (etwa: *Essays über einige berühmte Männer*[216]) gegeben, aber trotz des reduzierten Umfangs nicht vollendet. Statt dessen verfaßte er für seinen Gönner ein kurzes «Compendium» mit nur vierzehn Lebensbeschreibungen.

Weit mehr Interesse als den *Berühmten Männern* hat Petrarca in seinen letzten Jahren den Gedichten an Madonna Laura entgegengebracht, auch wenn er das nach außen gerne herunterspielte. Der

Francesco Petrarca. Porträt von Altichiero aus der Francesco da Carrara gewidmeten Handschrift «De viris illustribus», 1379. Paris, Bibliothèque nationale de France, ms 6069 F

Ansicht und Grundriß von Petrarcas Haus in Arquà. Aus Iacob Tomasini: Petrarcha redivivus. Padua 1635. Das Buch sammelte Wissenswertes aller Art für die Petrarca-Begeisterten.

Gedichtsammlung, in der er seine italienischen Verse zusammenfaßte, hatte er keineswegs von ungefähr den etwas abwertenden Titel *Rerum vulgarium fragmenta* gegeben: Zeit seines Lebens gefiel er sich darin, seine Dichtungen im italienischen Idiom als *nugae* (*Nichtigkeiten*)[217] zu bezeichnen, auch wenn er sehr wohl wußte, daß sie dies keineswegs waren. Denn nicht allein auf ihre Ausarbeitung, sondern auch auf ihre Anordnung in der Sammlung der *Fragmenta* (bekannter unter dem Titel *Canzoniere*) hat er außerordentliche

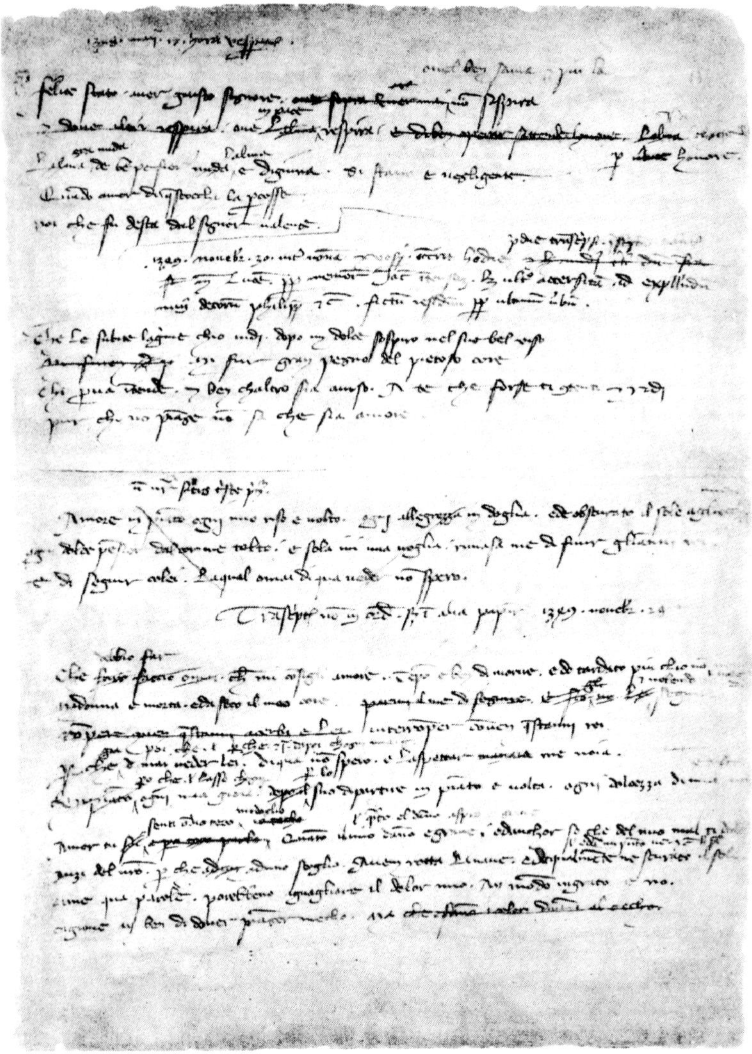

Eine Seite aus der Handschrift des «Codice degli Abbozzi» (Skizzenbuch zum «Canzoniere»). Rom, Biblioteca Vaticana, Città del Vaticano, ms Vat. lat. 3196, xiir

Sorgfalt verwandt. Nach der ersten Zusammenstellung einiger Gedichte im Jahre 1338 hatte Petrarca die Sammlung schrittweise zu einem Buch ausgebaut, das er insgesamt neun Redaktionen unterzog. 366 Gedichte hat er so über die Jahre hinweg in seinem *Canzoniere* zusammengestellt und zu einem komplexen, kunstvoll gegliederten Ganzen angeordnet: 317 Sonette, 29 Kanzonen, neun Sestinen, sieben Ballate und vier Madrigale.

Die Geschlossenheit und zugleich auch die von Petrarca im Aufbau des *Canzoniere* genau kalkulierte Spannung zeigen sich schon in den beiden Gedichten, die die Sammlung einrahmen. Mit vielfachen wechselseitigen Verweisen schließen sie das Buch zu einem organischen Ganzen zusammen: das eröffnende Sonett, in dem der Liebende, das lyrische Ich, von der schuldhaften Verstrickung in die Liebe berichtet, und die abschließende Kanzone, in der er sich in einem Gebet an die Jungfrau Maria wendet. Petrarca gelingt es damit, sich als Liebenden mitsamt der in ihm widerstreitenden Gefühle und Interessen abzubilden: als Liebenden, der im ersten Teil des *Canzoniere* (1–263) seine Liebe zu der lebenden, im zweiten Teil (264–366) zur toten Geliebten, seiner Laura, bekundet; der nach der ersten Begegnung mit Laura sämtliche Liebeswirren durchlebt: vom Werben um die Geliebte über Hoffnung und Sehnsucht bis zur offenen Verzweiflung, weil seine Liebe unerwidert bleibt; der schließlich über den Tod seiner Laura an die Stelle der Liebe zu einem irdischen Geschöpf die Himmelsliebe treten läßt. Nimmt man diese Hauptthemen und Grundstrukturen der Gedichte im einzelnen in den Blick, wird deutlich, daß Petrarca das Werk bis ins kleinste durchgestaltet hat. Es wird verständlich, warum er im *Canzoniere* das Sonett bevorzugt, das bereits in seiner Struktur – zwei Vierzeiler (Quartette) und zwei Dreizeiler (Terzette) – eine vielfach gestaffelte Zweigliedrigkeit aufweist: Die Befindlichkeit des lyrischen Ich, des Verliebten mit seinen inneren Konflikten zwischen Freude und Verzweiflung, zwischen der Hingabe an die irdische Liebe und dem christlichen Bewußtsein der Problematik seines weltverhafteten Tuns, ließ sich so gedanklich wie strukturell bis ins Detail kunstvoll gestalten. Es zeigt sich ferner, daß Petrarca mit Antinomien, mit Paradoxen, mit der Kombination sich scheinbar ausschließender Begriffe und damit, daß er Widersprüchliches auf engstem Raum in eins setzt (Oxymora), die Gefühlswelt des Verliebten auch auf sprachlicher Ebene mit äußerster Finesse nachzeichnet. Und es wird deutlich, daß selbst Gedichte politischen Inhalts, die auf den ersten Blick in einer Sammlung von Liebeslyrik wie Fremdkörper wirken möchten, ihren

Francesco Petrarca: Canzoniere. Sonett Nr. 264.
Miniatur mit Laura auf dem Totenbett, Bologna 1414. München, Bayerische Staatsbibliothek, Cod. it. 81, fol. 105r

Zweck erfüllen: Durch sie kann Petrarca dem Leser des *Canzoniere* den Kontrast zwischen der aktiven Teilnahme am öffentlichen Leben der eigenen Zeit und der Weltvergessenheit und vorsätzlichen Weltflucht des Verliebten bewußtmachen.

Eines der berühmtesten Gedichte des *Canzoniere* ist ein Sonett, in dem Petrarca eben diese Weltflucht thematisiert (RVF 35):

Solo et pensoso i piú deserti campi
vo mesurando a passi tardi et lenti,
et gli occhi porto per fuggire intenti
ove vestigio human l'arena stampi.
Altro schermo non trovo che mi scampi
dal manifesto accorger de le genti,
perché negli atti d'alegrezza spenti
di fuor si legge com' io dentro avampi:
sí ch'io credo ormai che monti et piagge
et fumi et selve sappian di che tempre
sia la mia vita, ch'è celata altrui.
Ma pur sí aspre vie né sí selvagge
cercar non so ch'Amor non venga sempre
ragionando con meco, et io co llui.

Allein und sinnend durch die ödsten Lande
geh' ich mit langsam abgemessnem Schritte,
die Augen halt ich fluchtbereit, wo Tritte
von Menschen sind zu sehn, geprägt im Sande.
Nicht anders bin zu bergen ich im Stande
was klar sich zeigt in anderer Menschen Mitte,
weil meines Handelns freudverlorne Sitte
nach außen Kunde gibt vom innern Brande,
daß nun ich glaub', daß Berge und Gestade,
und Flüss' und Wälder wissen welch' Gebrechen
mein Leben prägt, das andern ist verborgen.
Doch find' ich nicht so rauhe, wilde Pfade,
daß Amor nicht stets zu mir käm', zu sprechen
mit mir, wie ich mit ihm, von meinen Sorgen.

Petrarca gibt sich hier ganz als Melancholiker: Aus seiner traurigen Lage als von Liebeskummer Geplagter – *pensoso* («sinnend») hat im älteren Italienisch auch die Bedeutung «traurig» – findet er kein Entrinnen, vor allem nicht in der Gemeinschaft anderer Menschen. Wie er in einem anderen Gedicht des *Canzoniere* deutlich gemacht hat, ist ihm bewußt, daß man den *Zustand im Herzen* eines Menschen *am Gesicht ablesen* kann (RVF 221), weshalb er, der seinen Mitmenschen über seine Situation nicht Rede und Antwort stehen will, in die Einsamkeit entflieht. Vielleicht weiß er auch schon, daß seine verzweifelte Liebe, daß die *Seufzer*, mit denen er *sein Herz nährt*, nur Zeichen *eitlen Hoffens und eitler Schmerzen* sind, mit denen er sich nur der *Lächerlichkeit* aussetzt, mit denen er auf jeden Fall in seiner Umwelt kaum angemessenes Verständnis finden kann (RVF 1).

Einen Kontrast zur Niedergeschlagenheit, die die Verse durchströmt, bildet die penible, geradezu lustvolle stilistische Ausarbeitung des Sonetts. In der Gestaltung des Gedichts zeigt sich Petrarcas «Gesetz der Zweigliedrigkeit»[218]: Paarweise zusammengestellte Adjektive eröffnen das Sonett und schließen den zweiten Vers ab, die Substantive des ersten Terzetts sind in zwei Zweiergruppen unterteilt, und auch die Wege, die der Verliebte sucht, sind *rauh* und *wild*. Selbst bei den Satzperioden der beiden Quartette hat Petrarca eine Gliederung in jeweils zwei Verspaare vorgenommen. Mit diesen vielgestaltigen Symmetrien setzt Petrarca die Niedergeschlagenheit des Verliebten, seinen selbstgewählten Abstand von seinen Mitmenschen, seine Nähe zur Natur und sein Verhältnis zu Amor, dem er nicht entkommen kann und dem er sich zu guter Letzt im Gespräch auch nicht mehr verschließt, in der stilistischen Ausarbeitung harmonisch zueinander in Beziehung. Betrachtet man diese Harmonie und den sprachlichen Duktus, so erweist sich das beredte Auskosten der Melancholie durch den unglücklich verliebten Dichter letztlich durchaus als süßes Leiden.

In *Solo et pensoso* – wie im gesamten *Canzoniere* – reizt Petrarca die wechselvolle Geschichte des Liebenden mit Anspielungen auf reale Ereignisse (hier etwa sein Rückzug nach Vaucluse), mit vielfältigen Bezügen zu Aussagen in anderen Gedichten, mit den Wechselbeziehungen zwischen sprachlicher Gestaltung, Form und Inhalt auf kompositorischer Ebene voll aus. Es ist diese Meisterschaft der bis ins kleinste Glied durchgestalteten, zugleich aber auch ungeachtet dessen jederzeit direkt ansprechenden Lyrik, die Petrarcas *Canzoniere* in seiner Gesamtheit wie auch durch jedes einzelne seiner Gedichte zu einem der bedeutendsten Texte der abendländischen Dichtung gemacht hat.

Bereits der Blick auf nur einige der grundlegenden Gestaltungsmuster des *Canzoniere* macht deutlich: Petrarca geht es in den volkssprachlichen Dichtungen seiner Sammlung nicht anders als in seinen lateinischen Werken um die Abbildung der Realität menschlicher Lebenspraxis in ihrer komplexen Widersprüchlichkeit. Zwar nähert er sich hier dem Leben vordergründig «nur» über die Liebe, doch gelingt es ihm durch sie als menschliche Grunderfahrung die Vielgestaltigkeit des Daseins zu erfassen und in eine jedem geläufige und doch äußerst kunstvolle Sprache umzusetzen.

Auf andere Weise versucht dies Petrarca auch in seiner volkssprachlichen allegorischen Lehrdichtung, den *Trionfi*. Sie waren das letzte Werk, mit dem er sich in Arquà befaßte. Gegenüber seinen ersten Ansätzen in den späten dreißiger Jahren hat er das Gedicht nunmehr auf sechs Teile ausgeweitet. Er schildert in ihm eine Traumvision: eine Wanderung, auf der er verschiedenen allegorischen Gestalten begegnet, die zentrale Momente menschlicher Welterfahrung repräsentieren – Liebe, Sittsamkeit, Tod, Ruhm, Zeit und Ewigkeit. Nach dem Triumphzug Cupidos als des Gottes der Liebe (*Triumphus Cupidinis*), in den Petrarca als Liebender Lauras hineingezogen wird, erfährt er nach dem Sieg der sittsamen Laura über Cupido und damit über die sinnliche Liebe (*Triumphus Pudicitie*) zusammen mit den anderen Gefangenen die Befreiung aus der Gefangenschaft bei Cupido. Laura wird zwar schon bald vom Tod besiegt (*Triumphus Mortis*), doch der Tod kann dem Ruhm (*Triumphus Fame*) nichts anhaben, der in seinem Triumphzug eine große Zahl von Persönlichkeiten mitführt, die durch ihre Taten Berühmtheit erlangten. Über den Ruhm trägt jedoch die Zeit (*Triumphus Temporis*) den Sieg davon, der sich ohne Ausnahme alles Irdische unterwerfen muß. Die einzige und letzte Zuflucht, erkennt Petrarca in seiner Traumwanderung, ist allein Gottes neue Ordnung, die außerhalb von Raum und Zeit in der Ewigkeit aufgehoben ist (*Triumphus Eternitatis*). Auch in den *Trionfi* ging es Petrarca wieder um die exemplarische Darstellung menschlicher Diesseits-Erfahrung, um Jenseits-Reflexion und um praktische Belehrung. Auch in ihnen bringt Petrarca die inneren Widersprüche des Subjekts zur Darstellung, das zum einen irdischen Neigungen wie Liebe und Ruhm nachgibt, zum anderen aber aus seinem christlichen Bewußtsein heraus von der Nichtigkeit seines Handelns weiß. Im Hinblick darauf und auf die Präsentation der mythologischen und der literarischen Gestalten, der historischen Berühmtheiten, Feldherren, Herrscher und der Gelehrten, denen er auf seiner Traumwanderung begegnet, erscheinen die *Trionfi* gleichsam als Summe von Petrarcas Schaffen als Dichter und Gelehrter. Doch er hat diese Summe der Nachwelt nicht mehr vollständig übermitteln können, sein Tod hat dies verhindert.

Daß nichts im menschlichen Leben vollkommen ist, darauf hat Petrarca sein ganzes Leben lang hingewiesen, und darauf, daß der Mensch der Vervollkommnung bedürfe, mehr noch: sie erstreben müsse. Der Aufgabe, seinen Zeitgenossen ihre Lebenssituation exemplarisch vor Augen zu führen und ihnen Hilfe auf dem Weg, bessere Menschen zu werden, anzubieten, hat Petrarca sein ganzes

Francesco Petrarca: Trionfi. Triumphus Fame.
Holzschnitt aus der 1499 im Auftrag Pietro Pacinis in Florenz gedruckten Ausgabe

Werk gewidmet. Wie er in seiner menschlichen Unvollkommenheit seine Lage stets reflektierte und nach Maßgabe der Lehre der Stoa und des Christentums nach Vervollkommung strebte, das hat er auf den Seiten seines *Canzoniere* und seiner Briefsammlungen exemplarisch vorgelebt. Daß er die Vollkommenheit nicht erreichen konnte, war ihm dabei bewußt. Sie blieb ihm, in einer kleinen Äußerlichkeit, selbst im Tod versagt: Als Petrarca, der in seinen Schriften zeitlichen Koinzidenzen so große Bedeutung beigemessen hatte, in der Nacht vom 18. auf den 19. Juli 1374 in Arquà starb, trennte ihn von seinem 70. Geburtstag nicht mehr als ein Tag.

Der Dichter, der Humanist und die Nachwelt

Dichten kann zur Krankheit werden. Philippe de Cabassole mußte es feststellen: Als er in einem Anflug von freundschaftlicher Fürsorge die Bücher des völlig überarbeiteten Petrarca in einen Schrank sperrte, wurde der Dichter von Kopfschmerzen und Fieber geplagt, die sich erst legten, als er seine Bücher wieder zur Verfügung hatte.[219] Petrarca war offensichtlich ein hoffnungsloser Fall.

Und das Schreiben von Liebeslyrik war ansteckend: *Wie viele andere, glaubst Du, habe ich mit dieser Krankheit angesteckt?* fragt Petrarca einen Freund. *In unserer Erinnerung ist die Zahl derer, die auf diese Art geschrieben hätten, gering. Heute gibt es niemanden, der nicht so schreiben würde und nur wenige, die über anderes schrieben. Im Fall unserer Zeitgenossen ist nach der Meinung von einigen die Schande in nicht geringem Maß mir zuzuschreiben. Tatsächlich habe ich das aus vielen Quellen gehört.*[220] Und so nahm die Bewegung ihren Anfang, die als «Petrarkismus» bekannt werden sollte: als Dichten im Stile Petrarcas.[221]

Die sprachliche und formale Meisterschaft, die in Petrarcas italienischer Lyrik zum Ausdruck kam, bestach und regte zur Nachahmung an. Das Konzept der «Imitatio», wie es Petrarca im Hinblick auf antike Autoren in Anlehnung an Seneca[222] aufgestellt hatte und das für die ihm folgenden Gelehrtengenerationen von großer Bedeutung sein sollte, spielte dabei eine wichtige Rolle. Wie die Bienen den Nektar der Blumen sammeln, um daraus Honig, also etwas Neues, zu machen, wollte sich Petrarca bei den Werken der antiken Autoren bedienen: Er wollte ihnen ansprechende Formulierungen entnehmen, sie zu Neuem zusammenstellen und damit die Alten nachahmen und gleichzeitig zu ihnen in Konkurrenz treten. In ähnlicher Weise konnten die Dichter seiner Zeit Petrarca imitieren und mit ihm dichterisch gleichzuziehen versuchen. Die Ausrichtung an Petrarcas lyrischem Modell konnte dabei zur Vorschule selbständigen Dichtens werden.[223] Durch den Gebrauch der bei Petrarca häufigsten Konstruktionsprinzipien und Stilfiguren wie etwa des Parallelismus, der Antithese und des Oxymorons konnten die Dichter ihr poetisches Vermögen unter Beweis stellen. Sie mochten ferner mit seinen Metaphern und seinen Epitheta spielen, um auf diese Weise sprachliche Gewandtheit zu erlangen. Allerdings konnte die Nachahmung Petrarcas bei Dichtern, denen es an Einfallsreichtum mangelte, leicht zum reinen Schematismus verkommen. Und die überzogene Imitatio konnte wiederum Poeten auf den Plan rufen, die sich der Nachahmung des großen Vorbilds widersetzten; sie konnten etwa «petrarkistische» Stilelemente benutzen, um sie in Petrarca fremde Zusammenhänge zu stellen und auf diese Weise bewußt «antipetrarkistisch» dichten.

Zu dem großen Erfolg von Petrarcas *Canzoniere* in Italien hat wesentlich der Dichter und Gelehrte Pietro Bembo aus Venedig beigetragen. In der Diskussion um die Kodifizierung der italienischen Volkssprache hat er 1525 in seinem epochemachenden Traktat «Prose della volgar lingua» («Abhandlung über die Volkssprache») die Bedeutung des Italienischen als Literatursprache gegenüber dem Lateinischen herausgestellt. Dazu hat er im Rahmen seiner auf Imi-

Pietro Bembo.
Kupferstich von Giulio
di Antonio Bonasone

tatio gründenden Stiltheorie die «drei Kronen von Florenz», Dante, Petrarca und Boccaccio, als nachzuahmende Vollender der italienischen Literatursprache empfohlen. In seinen «Rime» («Verse») hat Bembo darüber hinaus durch seine konsequente Orientierung an der Sprache des *Canzoniere* Petrarcas Vorbildhaftigkeit in der Lyrik praktisch unter Beweis gestellt. Und er hat sich so zugleich als Petrarkist ersten Ranges ausgewiesen.

Neben dem sprachlich-stilistischen Aspekt war es die dem *Canzoniere* zugrundeliegende minutiös ausgearbeitete Konzeption der Liebe, die Petrarcas Versen enthusiastische Aufnahme (und zahlreiche Nachahmer) in weiten Teilen Europas bescherte. Dabei spielte die Interpretation von Petrarcas Liebeslyrik durch die Florentiner Neuplatoniker Ende des 15. Jahrhunderts eine entscheidende Rolle. Sie konnten in Petrarcas Liebesdichtung platonische Gedanken anschaulich umgesetzt sehen, etwa wenn die Seele durch die Liebe beflügelt wird und zur Gottheit emporfliegt oder wenn der Liebende sich Laura (als der Verkörperung der Tugend) zuwendet. Die an den Höfen gern geführten Diskussionen über die Liebe haben das Ihre dazu beigetragen, daß im 16. Jahrhundert (Populär-)Platonismus und Petrarkismus häufig miteinander verschmolzen.

Welche Aspekte in Petrarcas italienischen Versen im Einzelfall auch immer interessieren mochten: Der *Canzoniere* wurde zu einem der einflußreichsten Werke abendländischer Lyrik. In Italien waren es etwa Michelangelo, Matteo Boiardo, Giovanni della Casa und Torquato Tasso, die von Petrarcas italienischer Dichtkunst beeinflußt wurden; in Frankreich Maurice Scève und Pierre Ronsard, in Spanien Garcilaso de la Vega und Fernando de Herrera, in Portugal Luís de Camões, in England Sir Philip Sidney, Edmund Spenser und William Shakespeare, in Deutschland schließlich Martin Opitz – um nur die wichtigsten zu nennen.

Auch wenn die Petrarkisten sich auf das italienische Œuvre ihres Vorbilds konzentrierten, erschließt sich die epochale Bedeutung des *Canzoniere* vollständig erst im Kontext von Petrarcas gelehrtem lateinischem Schrifttum. Petrarca ging es im *Canzoniere* mit seiner Selbstanalyse als Verliebter wie in seinen lateinischen Arbeiten (und hier besonders im *Secretum*) darum, seine Erkenntnisse über das menschliche Leben in aller diesem innewohnenden Komplexität an seine Zeitgenossen weiterzugeben. Erkenntnisgewinn über den Menschen und sein Wesen sowie die Nutzung seiner Erkenntnisse zur Erziehung des Menschen zu einem guten (gebildeten) Individuum standen für Petrarca im Mittelpunkt seiner lateinischen Schriften.

Martin Opitz.
Kupferstich von
Johann Christoph Sysang
(1703–1757) nach einem
zeitgenössischen Gemälde
von Bartholomäus Strobel d.J.

Erkenntnis des menschlichen Lebens war für Petrarca zuvörderst Erkenntnis seiner selbst, doch ließ er es dabei nicht bewenden. Wie er namentlich im Vorwort zu seiner Schrift *De viris illustribus* deutlich gemacht hat, ging es ihm ebenso um die kritische Aneignung fremder Erfahrung, die er in Texten niedergelegt fand – vor allem in den Schriften der Autoren des Altertums. Seit seiner Jugend mit ihren Lehren vertraut, erschien ihm die Zeit der Alten weit anregender als seine eigene. *Meine vorrangige Leidenschaft […] war es*, schreibt Petrarca in seinem *Brief an die Nachwelt, Nachrichten aus dem Altertum zu erhalten, weil mir immer meine eigene Zeit derart mißfiel, daß ich, wenn mich nicht die Zuneigung zu meinen Lieben anders bestimmt hätte, gewünscht hätte, lieber in jeder anderen Zeit geboren zu sein; und um diese [meinige] zu vergessen, versuchte ich mich im Geist in andere Zeiten zu versetzen.*[224]

Die Zeit und die Welt, in der sich Petrarca auf diese Weise bevorzugt bewegte, war die des römischen Altertums, denn Griechisch zu lernen hat er 1342 nach einem kurzen Versuch aufgegeben.[225] Die römischen Autoren, vor allem Cicero, Seneca und Vergil, suchte er dem Vergessen zu entreißen, dem sie und ihre Werke, wie er feststellen mußte, seit der Antike zu großen Teilen anheimgefallen waren. Seinen Zeitgenossen wollte er die aus den Werken der Alten gewonnenen Erkenntnisse vermitteln und zugleich auch ihre Sprache kultivieren. Nicht nur weil es für ihn in seiner Zeit mit der Pflege der lateinischen Sprache im argen lag, sondern auch weil er erkannt hatte, daß nur dem Autor Erfolg sicher ist, der sowohl auf den sittlichen Gehalt als auch die sprachliche Gestalt seiner Werke achtet: *Die Sorge um den Geist ist den Philosophen anvertraut, die sprachliche Bildung ist Sache des Redners; keine der beiden darf von uns vernachlässigt werden, wenn wir, wie man sagt, uns vom Üblichen abheben wollen und in aller Munde zu sein wünschen.*[226] Daß Petrarca mit seinen sprachlich ansprechend und zugleich dezidiert vorgebrachten Meinungen nicht nur die Zustimmung vieler erfuhr, konnte nicht ausbleiben. Doch hat ihm gerade die Kritik von seiten der Scholastiker die Möglichkeit geboten, seinen Standpunkt noch einmal deutlich zu machen. So konnte er klarstellen, daß es ihm in seinen Arbeiten um die sprachlich elegante Vermittlung von lebenspraktischen Erkenntnissen ging und gerade nicht um (seiner Meinung nach) unfruchtbare dialektische Kasuistik oder das Anhäufen von Wissen, das einen Menschen zwar kenntnisreicher, aber nicht besser macht.

Petrarca hat seine Vorstellungen in seinen Schriften dargestellt und in ihnen gleichsam die geistigen Räume skizziert, in denen sich seine Anhänger bewegen konnten. In allen seinen lateinischen Schriften, besonders aber in seinen Briefsammlungen, den *Familiares* und den *Seniles*, hat er anhand von Zitaten aus den von ihm bevorzugten Autoren aufgezeigt, wie die Lektüre der klassischen römischen Autoren für das Leben fruchtbar gemacht werden kann. Da die unzähligen Anstöße zum Studium, die er in Briefen, in Büchern und nicht zuletzt im persönlichen Gespräch verbreitet hat, bei seinen Freunden und Bekannten auf fruchtbaren Boden fielen, konnte er zum Vater einer neuen Generation von Gelehrten werden. Das war schon Petrarca selbst bewußt. Seinem Freund Boccaccio, der ihn für seinen Einsatz für die literarischen Studien mit Lob überhäufte, schrieb er: *Ich lehne das Lob nicht ab, das Du mir aussprichst, weil ich viele in ganz Italien (und vielleicht über Italien hinaus) zu diesen unseren Studien angeregt habe, die über viele Jahrhunderte hinweg vernachlässigt worden sind. Denn ich bin der älteste von beinahe allen denen, die jetzt bei uns diese Studien betreiben.*[227]

Was Petrarca noch mit einem *vielleicht* versah, stand für die nachfolgenden und von ihm beeinflußten Gelehrtengenerationen fest. So hob etwa der Florentiner Staatskanzler und Gelehrte Colluccio Salutati Petrarcas Pionierleistung im Kampf gegen die Scholastik und für eine praktische Philosophie hervor, die nun er und seine Freunde «mit aller Kraft des Geistes»[228] umfingen. Und Leonardo Bruni erklärte Petrarca zum Begründer der Studien, die als «studia humanitatis» bekannt weden sollten[229]: der literarischen Studien, die der Heranbildung des Menschen zu einem guten und sprachlich gewandten Individuum dienten[230].

Für Petrarca, der so zum «Vater des Humanismus» wurde, stand als erstem nachantikem Autor und erstem einer bald schon kaum mehr übersehbaren Reihe von Gelehrten der Mensch und sein Handeln im Mittelpunkt seiner gelehrten Erkundungen: der Mensch und sein Wirken in der Welt, der Mensch und seine Skrupel, die er als Christ aufgrund seines weltlichen Lebenswandels haben mußte. Petrarca ist dabei in seinen Schriften (vor allem in seinen Briefen, in seinem *Secretum* und im *Canzoniere*) immer wieder von sich selbst und seinen persönlichen Erfahrungen ausgegangen. In ihnen hat er

Coluccio Salutati. Gemälde von Cristofano di Papi, gen. dell'Altissimo, in seiner Serie «Uomini illustri», 1552–1565. Florenz, Galleria degli Uffizi

Grabmal Francesco Petrarcas in Arquà

sich als Beispiel eines Menschen in seiner Zeit dargestellt, einer Zeit, die, wie er hoffte, Neues heraufführen würde. Er hat mit seinen Schriften zu diesem Neuen, zur Wiederbelebung der Literatur des klassischen Altertums (Renaissance) und zur praktischen Umsetzung eines an der Antike ausgerichteten Bildungsideals (Humanismus) einen entscheidenden Beitrag geleistet. Und er hat sich mit seinen Schriften zugleich ein die Zeiten überdauerndes Denkmal erschrieben, denn, wie er selbst einmal geäußert hat: *Flüchtig ist die Erinnerung der Menschen, die Bilder zerfließen, die Statuen verfallen. – Unter den Erfindungen der Menschen gibt es nichts Beständigeres als die Literatur.*[231]

Anmerkungen

Verwendete Abkürzungen

Buc.:	Bucolicum carmen
De ignor.:	De ignorantia
Disp.:	Lettere disperse, varie e miscellanee
Ep. metr.:	Epistolae metricae
Fam.:	Familiares
Sen.:	Seniles
Post.:	Epistula posteritati
Rer. mem.:	Rerum memorandarum libri
RVF:	Rerum vulgarium fragmenta (Canzoniere)
S.N.:	Epistulae sine nomine

Alle Zitate wurden vom Autor übersetzt, mit Ausnahme des in Anm. 1 nachgewiesenen Zitats. Grundlage der Übersetzung und der Stellenangaben sind die in der Bibliographie unter 2.b (Werke, Einzelausgaben, einzelne Werke) angegebenen Textausgaben. Bei Werken, für die dort mehrere Ausgaben aufgeführt sind, beziehen sich die Angaben auf folgende Editionen: De ignorantia: Hamburg 1993; Invective contra medicum: Turin 1975; S.N.: Halle/Saale 1925; De otio religioso: Turin 1975; Post.: Rom 1990; De vita solitaria: Leiden 1990; Sen. X.2 in der Ausgabe zusammen mit Post.: Rom 1990.

1 Post. 1 f., S. 34 Übersetzung nach Hermann Hefele: Francesco Petrarca: Brief an die Nachwelt. Jena 1910, S. 2

2 So seit Georg Voigt: Die Wiederbelebung des classischen Alterthums oder das erste Jahrhundert des Humanismus. Berlin 1859, S. 52

3 Fam. I.1,9, Bd. I, S. 5

4 Fam. XI.2,2, Bd. II, S. 325

5 Dazu etwa die Ausführungen von P. Piur: Petrarcas «Buch ohne Namen». Halle 1925, S. 133 ff.

6 Post. 14, S. 86

7 Dazu: Paolo Viti: Ser Petracco, padre del Petrarca, notaio dell'età di Dante. In: Studi Petrarcheschi 1985, S. 1–14

8 Fam. VI.3,26, Bd. II, S. 66

9 Fam. VI.3,28, Bd. II, S.66

10 Fam. I.1,22, Bd. I, S. 7

11 Fam. I.1,22, Bd. I, S.7

12 Sen. VIII.1, S. 1049

13 Sen. XIII.3, S. 1016

14 Fam. I.1,23, Bd. I, S. 8

15 Dazu: Giuseppe Billanovich: Un ignoto fratello del Petrarca. In:

Italia medioevale e umanistica 1982, S. 375–380
16 Fam. XXI,15,7, Bd. IV, S. 95
17 Sen. X.2, 8f., Ausg. Villani, S. 78ff.
18 Sen. X.2,9, Ausg. Villani, S. 80
19 Sen. XVI.1, S. 1046
20 Sen. XVI.1, S. 1049
21 Sen. X.2,25–27, Ausg. Villani, S. 94ff.
22 Sen. XV.1, S. 1047
23 De ignor. S. 38f.
24 Sen. X.2,14, Ausg. Villani, S. 86
25 Dazu: Arnaldo Foresti: Aneddoti della vita di Francesco Petrarca. Padova 1977, S. 15–19
26 Sen. X.2,18f., Ausg. Villani, S. 90
27 Post. 17, S. 46
28 Fam. XX.4,24f., Bd. IV, S. 19
29 Fam. XX.4,4, Bd. IV, S. 14
30 Rer. mem. III.99,3, S. 189
31 Sen. XV.1, S. 1047; Fam. IX.5,10, Bd. II, S. 225
32 Fam. X.3,37, Bd. II, S. 295
33 Fam. X.3,12;18, Bd. II, S. 289f.
34 RVF 91; Fam. X.3,23f., Bd. II, S. 291
35 Dazu: E. Kessler: Petrarca und die Geschichte. München 1978, S. 67ff.
36 Ebenda
37 A. Rehberg: Die Colonna. In: Volker Reinhardt (Hg.): Die großen Familien Italiens. Stuttgart 1992, S. 171–188
38 Post. 19f., S. 48
39 Post. 21, S. 48
40 Fam. XIII.6,23, Bd. III, S. 76
41 Fam. I.4,4, Bd. I, S. 25
42 Fam. I.5,3f. und 7f., Bd. I, S. 28f.
43 Fam. I.5,9, Bd. I, S. 29
43 Fam. I.4,1, Bd. I, S. 24
45 Dazu: G. Mollat: Les Papes d'Avignon. Paris 1964, S. 47
46 Fam. IX.5,31–33, Bd. II, S. 230f.
47 Fam. II.12,5, Bd. I, S. 100
48 Fam. II.12,6, Bd. I, S. 101
49 Fam. II.14,2f., Bd. I, S. 103
50 Fam. II.14,1, Bd. I, S. 103
51 Fam. VI.2,15f., Bd. II, S. 58
52 Post. 23, Bd. 50
53 Fam. XI.6,4, Bd. II, S. 336
54 Fam. XIII.6,2, Bd. III, S. 72
55 Fam. XV.8,4, Bd. III, S. 154
56 Fam. V.10,3, Bd. II, S. 30
57 Fam. VIII.3,9, Bd. II, S. 160
58 Fam. VI.3,70, Bd. II, S. 77
59 Sen. XVI.4, S. 1054f.
60 Dazu: Ep.metr. I.4 u. I.6
61 Fam. VII.16,6, Bd. II, S. 132f.
62 Fam. II.7,5, Bd. I, S. 86
63 Secretum, III.14,9, S. 178
64 Romulus, Numa Pompilius, Tullius Hostilius, Ancus Martius, Brutus, Horatius Cocles, Cincinna, Camillus, Manlius Torquatus, Valerius Corvus, Publius Decius, Papirius Cursor, Curius Dentatus, Fabritius, Alexander d. Gr., Pyrrhus, Hannibal, Fabius Maximus, Claudius Marcellus, Claudius Nero zusammen mit Livius Salinator, Scipio Africanus, Cato.
65 De viris illustribus. Prohemium, 5, S. 4
66 De viris illustribus, Prohemium, 6, S. 4
67 De viris illustribus, Praefatio, in: Prose. A cura di G. Martellotti. Mailand, Neapel 1955, S. 224
68 Dazu: Kessler. Petrarca und die Geschichte. München 1978, S. 102ff.
69 Vita Scipionis Text γ, in: De viris illustribus, S. 350
70 Post. 26, S. 52
71 Fam. VIII.3,13, Bd. II, S. 160
72 Fam. XXI.15,8, Bd. IV, S. 96
73 Ms. Biblioteca Vaticana: Vat.lat.3196, fol. 11r
74 RVF 23
75 Fam. II.6,18–20, Bd. I., S. 94f.

76 RVF 332, v. 50
77 Die Textstellen: Buc. III, X, XI; Fam. II.9,18–20, Bd. I, S. 94f.; VIII.3,16, Bd. II., S. 161; IX.4,20, Bd. II., S. 222f.; X.3,23f., Bd. II, S. 291f.; Secretum III.3,2–9, S. 122; Trionfi: Triumphus Cupidinis und Triumphus Mortis
78 RVF 127
79 RVF 77 und 78
80 Vellutello: Il Petrarca con l'esposizione di M. A. Vellutello. Venezia 1525; J.F.P.A. De Sade: Mémoires pour la vie de François Pétrarque. 3 Bde. Amsterdam 1764–1767.
81 Lateinischer Text abgedruckt in: M. Santagata: I frammenti dell'anima. Bologna 1993, S. 130
82 Das folgende nach: C. Calcaterra: Nella selva del Petrarca. Bologna 1942, S. 209–245, und B. Martinelli: Feria sexta aprilis. La data sacra nel Canzoniere del Petrarca. In: Ders.: Petrarca e il Ventoso. Bergamo 1977, S. 103–215
83 RVF 3
84 Augustinus: Ennaratio in Psalmum 147
85 Post. 3, S. 34
86 De vita et moribus Domini Francesci Petrarcchi de Florentia secundum Iohannem Boccaccii de Certaldo. In: Boccaccio: Tutte le opere. A cura di V. Branca. Vol. V. Mailand 1992, S. 898–911; hier: S. 908
87 Sen. V.2, S. 879
88 Ep. metr.. III.30, S. 1371
89 Fam. XXI.15,11, Bd. IV, S. 96
90 Fam. XXI.15,21, Bd. IV, S. 98
91 Fam. IV.4,1f., Bd. I, Bd. 153
92 Rer. mem. I.37,14, S. 41; Secretum III.7,6, S. 144
93 Fam. IV.6,5, Bd. I, S. 170
94 Post. 29, S. 54ff.
95 Post. 31, S. 56
96 Fam. IV.8,1f., Bd. I, S. 174
97 Ep. metr. II.1, v. 38–56, S. 1343
98 Collatio Laureationis 8, S. 1268
99 Fam. IV.6,7, Bd. I, S. 171
100 Buc. X, v. 378f.
101 Fam. IV.9,2, Bd. I, S. 175
102 Post. 35, S. 58ff.
103 Africa IX, v. 91–97, S. 264
104 Die veröffentlichte Passage: Africa VI, 885–918; dazu: Sen. II.1, S. 829f. [März 1363]
105 Fam. VII.10,10, Bd. II, S. 116
106 Ep. metr. II.3, S. 1344
107 Ep. metr. II.3, v. 43, S. 1344
108 Fam. V.5,19, Bd. II, S. 19
109 Fam. V.6,2f., Bd. II, S. 20
110 Aeneis III,44
111 Fam. V.6,6, Bd. II, S. 21
112 Rer. mem. I.1,2, S. 3
113 Dazu: Rer. mem. II.15, S. 50f.
114 Rer. mem. I.19,3f., S. 19
115 RVF 128
116 Fam.I.1,32, Bd. I, S. 10
117 Fam. XIII.5, Bd. III, S. 66ff.
118 Vita solitaria, Proh. 12, S. 60
119 Vita solitaria, I.1,7, S. 62
120 Dazu: Quintilian: Institutio oratoria X.3,22
121 Seneca: Epistulae ad Lucilium 10,2 u. 25,5
122 Ps. 45 (46), v. 11
123 De otio religioso I. In: Opere latine, Vol. I, S. 578
124 De otio religioso I. S. 668; Augustinus: De vera religione XXXV. 65
125 De otio religioso II., S. 802
126 De otio religioso II., S. 804
127 Les Psaumes Penitentiaux. Publiés après le manuscrit de la Bibliothèque de Lucerne par H. Cochin. Paris 1929
128 Secretum I.6,3, S. 22
129 Fam. IV.1,12–14, Bd. I, S. 155f.
130 Fam. IV.1,26f., Bd. I, S. 158f.

Augustinus: Confessiones X, 8, 15
131 Fam. IV.1,30, Bd. I, S. 159
132 Auch: «Gespräche über die Weltverachtung»
133 Secretum II.16,10, S. 110
134 Secretum II.13,1 f., S. 90
135 Secretum III.7,5, S. 144
136 Secretum III.5,2, S. 132
137 Secretum III.5,2, S. 132 f.
138 Secretum III.7,10, S. 146
139 Secretum III.17,1, S. 190
140 Secretum III.17,6, S. 192
141 Secretum III.18,5, S. 198
142 Secretum III.18,7, S. 200
143 Fam. I.1,21, Bd. I, S. 7
144 Fam. XV.4,10 und 15, Bd. III, S. 142 f.
145 Fam. XV.4,17, Bd. III, S. 143
146 Dazu: P. Piur: Cola di Rienzo. Wien 1931, und G. Seibt: Anonimo Romano. Stuttgart 1992
147 Disp. 8, S. 60
148 Disp. 8, S. 74
149 Disp. 8, S. 60
150 Fam. XIII.6,11, Bd. III, S. 74
151 Disp. 10, S. 84; Terenz: Andria, v. 68
152 Zu Petrarcas politischen Ansichten immer noch die beste (kurze) Übersicht bei: P. Piur: Petrarcas «Buch ohne Namen». Halle/Saale 1925, S. 82 ff.
153 S.N. 4, S. 176
154 S.N. 4, S. 180 f.
155 S.N. 9, S. 196
156 Sen. X.2,44 Ausgabe Villani, S. 114
157 Fam. VIII.7,1, Bd. II, S. 174; Vergil: Aeneis II.368 f.
158 Fam. VIII.7,10, Bd. II, S. 176
159 Fam. X.1, Bd. II, S. 277–284
160 Fam. XI.8, Bd. II, S. 340–348
161 Fam. XI.9,2, Bd. II, S. 349
162 Dazu: Fam. IX.3, Bd. II, S. 216
163 S.N. 5, S. 185 f.
164 S.N. 13, S. 208
165 S.N. 14, S. 211
166 S.N. 10, S. 201
167 Dazu: P. Piur: Petrarcas «Buch ohne Namen» und die päpstliche Kurie. Halle/Saale 1925, S. 124 ff.
168 Fam. X.4,11, Bd. II, S. 304 und VIII.3,11, Bd. II, S. 160
169 Fam. XXIV.2,2, Bd. IV, S. 222
170 Fam. XV.3,14, Bd. III, S. 139
171 Die Autoren: Cicero, Seneca, Varro, Quintilian, Livius, Asinius Pollio, Vergil, Homer
172 Fam. XXIV.7,1, Bd. IV, S. 240 f.
173 Fam. XXII.4,3–5, Bd. IV, S. 111 f.
174 Fam. XXI.15,27 f., Bd. IV, S. 100
175 In Sen. XVII.3 [Ausg. d. Opera latina, Venedig 1501]: De insigni obedientia et fide uxoria; Boccaccio: Decameron, X.10
176 Boccaccio: Epist. X, in: Opere. Vol. V. Mailand 1992, S. 574–583
177 Dazu: G. Auzzas: Studi sulle «Epistole». I. L'invito della Signoria fiorentina al Petrarca. In: Studi sul Boccaccio 1966, S. 203–240
178 S.N. 17, S. 224
179 Sen. XV.3, S. 1052; dazu: Fam. V.19, Bd. II, S. 43–45
180 Invective contra medicum I., S. 846
181 Gebräuchliche Klassifikation nach Hugo von St. Victor: Didascalicon. II.20. Dazu zählten: Webkunst, Metallurgie, Handel, Ackerbau, Jagd, Medizin, Schauspielkunst
182 Ebenda, III., S. 938
183 Ebenda, S. 914
184 Ebenda, S. 844
185 Fam. XII.10,2, Bd. III, Sen. 33 f.
186 Fam. XII.8,4, Bd. III, S. 30
187 Fam. XV.8,5, Bd. III, S. 154
188 Dazu: Boccaccio: Epistola X.

In: Opere. Vol. V. Mailand 1992, 574–583

189 Fam. XV.7,3, Bd. III, S. 149

190 Invectiva contra quendam magni status, S. 1014–1016

191 Sen. XVI.2, S. 1068

192 Dazu: P. Piur: Petrarcas Briefwechsel mit deutschen Zeitgenossen. Berlin 1933

193 Collatio coram Domino Iohanne Francorum rege. In: Opere latine. Vol II., S. 1286–1308

194 De remediis [Basel 1554], S. 2

195 Dazu erläuternd: Fam. XXIII.12,13f.

196 De remediis [Basel 1554], S. 2

197 Fam. XIX.16,5, Bd. III, S. 341

198 Fam. XIX.16,21, Bd. III, S. 345

199 Fam. XXI.12,25f., Bd. IV, S. 86

200 Fam. XXI.13,7, Bd. IV, S. 89

201 Disp. 46, S. 340

202 Disp. 63, S. 436

203 Itinerarium breve de Ianua usque ad Ierusalem

204 Disp. 63, S. 436

205 De ignor., S. 27

206 De ignor., Kapitel I, passim

207 De ignor., S. 16 u. ö.

208 De ignor., S. 89

209 De ignor., S. 23

210 De ignor., S. 105 und 107

211 De ignor., S. 32; Augustinus: De Civitate Dei. XIV.28

212 Invectiva contra eum qui maledixit Italie. In: Opere latine. Vol II., S. 1154–1252

213 Sen. XI.15, S. 986; Korinther II.1,8f.

214 Sen. XI.15

215 Sen. XCII.2, S. 1069f.

216 Zum Titel: Martellotti: Scritti, S. 50ff.

217 Zum Beispiel in: Fam. VIII.3,14, Bd. II, S. 160f.; XII.6,13–15, Bd. III, S. 160f.; Sen. XIII.10, S. 1020

218 Hugo Friedrich: Epochen der italienischen Lyrik. Frankfurt a. M. 1964, S. 225 und S. 245

219 Fam. XIII.7.4–6, Bd. III, S. 80

220 Fam. XIII.7,7, Bd. III, S. 80

221 Dazu: G. Hoffmeister: Petrarkistische Lyrik. Stuttgart 1973

222 Seneca: Epistula ad Lucilium, 84; Petrarca: Fam. I.8,2, Bd. I, S. 39

223 Dazu: L. Forster: Europäischer Petrarkismus als Vorschule der Dichtung. In: A. Buck (Hg.): Petrarca. Darmstadt 1976, S. 424–443

224 Post. 11, S. 40

225 Fam. XXIV.12,35, Bd. IV, S. 262

226 Fam. I.9,1, Bd. I, S. 45

227 Sen. XVI.2, S. 1067

228 Colluccio Salutati: Epistolario. A cura di Francesco Novati. Vol. III. Rom 1902, S. 15

229 Leonardo Bruni Aretino: Ad Petrum Paulum Histrum Dialogus I. In: Prosatori latini del Quattrocento. A cura di Eugenio Garin. Mailand, Neapel 1952, S. 94

230 Dazu: August Buck: Die «studia humanitatis» im italienischen Humanismus. In: Wolfgang Reinhard (Hg.): Humanismus im Bildungswesen des 15. und 16. Jahrhunderts. Weinheim 1984, S. 11–24

231 Fam. VII.15,10, Bd. II, S. 130

Zeittafel

1304 20. Juli: Francesco Petrarca wird als Sohn des Notars Ser Petracco di Ser Garzo (auch: Petraccolo, Petracholo) und der Eletta de'Canigiani in Arezzo geboren. Die Familie stammt aus Incisa (heute: Incisa Valdarno), das auf florentinischem Gebiet liegt. Grund für die Geburt in Arezzo: Ser Petracco wurde als den «Weißen» (parte bianca), einer Parteiung in Florenz, zugehörig angesehen, die von den gegnerischen «Schwarzen» (parte nera), als diese 1302 die Macht in Florenz übernahmen, ins Exil geschickt wurde.

1305 Francesco und seine Mutter kehren Anfang des Jahres nach Incisa zurück, wo die Familie ein Anwesen hat.

1307 Vermutliches Geburtsjahr des Bruders Gherardo.

1311 Ser Petracco findet sich mit seiner Familie in Pisa ein, wo viele exilierte Florentiner leben. Hier begegnet Francesco vermutlich Dante Alighieri. Ser Petracco entschließt sich, nach Südfrankreich überzusiedeln. Er findet eine Beschäftigung im Umkreis des päpstlichen Hofes, der sich seit März 1309 in Avignon befindet. Aufgrund der Übervölkerung der kleinen Stadt Avignon, die die Kurie und die große geistliche und administrative Entourage des Papstes kaum aufzunehmen vermag, wohnen Petraccos Frau und seine beiden Söhne in Carpentras, unweit von Avignon. Francesco erfährt seine erste Ausbildung in den literarischen Künsten durch Convenevole da Prato. Er schließt Freundschaft mit dem etwa gleichaltrigen Guido Sette.

1316 Petrarca beginnt in Montpellier Jurisprudenz zu studieren. Vermutlich 1318 oder 1319 stirbt seine Mutter. Ihr widmet er ein *Panegyricum defuncte matri*, seine erste Dichtung.

1320 Er wird von seinem Vater mit seinem Bruder Gherardo und Guido Sette nach Bologna geschickt und setzt dort – ohne große Begeisterung – seine Rechtsstudien fort. An der Universität erhält er viele literarisch-antiquarische Anregungen. Er lernt in Bologna u. a. Giacomo Colonna kennen, der einer der bedeutendsten römischen Adelsfamilien angehört, die auch in Avignon sehr einflußreich ist.

1326 Ser Petracco stirbt. Francesco kehrt daher nach Avignon zurück, wo er auf längere Zeit zu bleiben gedenkt. Er schließt sein Studium nicht ab, sondern beschließt, eine kirchliche Laufbahn zu beginnen. Er empfängt die niederen Weihen.

1327 Am 6. April, einem Karfreitag, begegnet er kurz nach dem Morgengrauen in der Kirche Sainte-Claire in Avignon zum erstenmal Laura.

1330 Francesco wird als «Capellanus continuus commensalis» Familiar von Kardinal Giovanni Colonna, dem Bruder von Giacomo. Er begleitet Giacomo Colonna, der zum Bischof von Lombez in der Gascogne ernannt worden ist, zu seinem neuen Bischofssitz. Er gewinnt den Römer Angelo Tosetti und den flämischen Musiker Ludwig von Kempen zu Freunden, die er im gelehrten Umgang «Lelio» und «Socrates» nennt.

1333 Petrarca unternimmt eine Reise nach Nordfrankreich, nach Flandern und ins Rheinland (Köln). In Avignon lernt er den Augustinermönch Dionigi di Borgo San Sepolcro kennen.

1335 Petrarca erhält von Papst Benedikt XII. sein erstes kirchliches Benefizium, wodurch er Kanonikus der Kathedrale von Lombez wird. Lombez besucht er nach seiner Reise 1330 nicht mehr. Er tritt in engen Kontakt mit Azzo da Correggio, für dessen Mission im Auftrag von Mastino della Scala er sich an der Kurie mit Erfolg einsetzt: Mastino della Scala wird vom Papst als Signore von Parma bestätigt.

1336 Gemäß einem Brief, der auf den 26. April 1336 datiert ist, besteigt Petrarca an diesem Tag mit seinem Bruder den Mont Ventoux in der Nähe von Avignon. Gegen Ende des Jahres begibt er sich auf eine Reise nach Rom.

1337 Er hält sich längere Zeit in Capranica, bei Orso dell'Anguillara auf. In Rom ist er bis zu Beginn des Sommers Gast der Colonna. Petrarcas unehelicher Sohn, Giovanni, wird geboren. Wer die Mutter ist, ist nicht bekannt. Nach der Rückkehr nach Avignon zieht er sich nach Vaucluse zurück, wo er ein Haus am Ufer der Sorgue bezieht. Er beginnt mit der Arbeit an einer römischen Geschichte, von der nur eine Sammlung von Lebensbeschreibungen erhalten ist, die Vitensammlung *De viris illustribus* und beginnt sein Epos *Africa*. Diese Arbeiten beschäftigen ihn auch während der folgenden Jahre.

1340 Nach eigenen Angaben (in seinem *Brief an die Nachwelt*) erhält er Briefe von der Universität Paris und aus Rom. In beiden wird ihm die Dichterkrönung angeboten. Er entscheidet sich für Rom.

1341 Petrarca reist im Februar nach Neapel, wo er sich von König Robert von Anjou auf seine literarischen Fähigkeiten hin prüfen läßt. Nach drei Tagen wird er von König Robert der Dichterkrönung für würdig befunden. Er wird am 8. April auf dem Kapitol in Rom zum Dichter gekrönt. Er reist mit Azzo da Correggio nach Parma. In der nahegelegenen Selvapiana arbeitet er zurückgezogen weiter an seinen Werken *Africa* und *De viris illustribus*.

1342 In die Provence zurückgekehrt, lebt Petrarca längere Zeit zurückgezogen in Vaucluse. Er erhält ein Kanonikat in Migliarino bei Pisa. Im Herbst lernt er vermutlich Cola di Rienzo kennen, der als Abgesandter der Volksregierung von Rom bei Papst Clemens VI. vorspricht. Petrarca lernt in Cola di Rienzo einen Geistesverwandten kennen, mit dem ihn die Begeisterung für das alte Rom und der Wille, es wiederzubeleben, verbinden. Unter der Anleitung des kalabresischen Mönchs Barlaam, der in Byzanz aufgewachsen war, versucht er sich im Studium des Griechischen. Ihm wird eine Tochter, Francesca, geboren. Von ihrer Mutter ist (wie im Fall von Petrarcas Sohn) nichts bekannt. Petrarcas Bruder Gherardo tritt in das Karthäuserkloster Montrieux ein.

In diese Zeit datieren die ersten Entwürfe des *Secretum meum*.

1343 Petrarca reist nach dem Tod König Roberts im Oktober als Gesandter des Kardinals Giovanni Colonna zu Johanna I., Königin von Neapel. Im Dezember, auf dem Rückweg, macht er in Parma Station. Er zieht sich in ein Haus unweit der Stadt zurück und beginnt die Arbeiten an seinen *Rerum memorandarum libri*. Ferner ist er mit seinem Epos *Africa* und seiner Biographiensammlung *De viris illustribus* beschäftigt.

1344 Vor dem Krieg in Norditalien zwischen den Este, den Scaligern, Visconti und Gonzaga flieht Petrarca nach Bologna. Von dort kehrt er über Verona nach Vaucluse zurück. In Verona entdeckt er in der Bibliothek der Kapitelkirche die Briefe Ciceros an Atticus, an Brutus und seinen Bruder Quintus. Sie inspirieren ihn zur Sammlung der eigenen Briefe, der er später den Titel *Familiares* gibt.

1346 Petrarca lebt weitgehend zurückgezogen in Vaucluse. Er beginnt dort mit der Arbeit am *Bucolicum carmen* und seinem Werk *De vita solitaria*. Er erhält ein Kanonikat am Dom von Parma.

1347 Ein Besuch bei seinem Bruder im Kloster inspiriert ihn zu dem Werk *De otio religioso*. Vermutlich datiert in diese Zeit auch der erste genauere Entwurf zum *Secretum*. Seine positive Haltung gegenüber Cola di Rienzo und dessen revolutionären Plänen in Rom entfernt ihn von den Colonna. Als päpstlicher Gesandter wird er zu Mastino della Scala geschickt. Er hat den Plan, nach Rom weiterzureisen, wo er Cola di Rienzo unterstützen will. Dazu kommt er jedoch nicht: Er schreibt ihm einen ermahnenden Brief und reist nach einem längeren Zwischenaufenthalt in Genua nur bis Parma, von wo aus er eine kurze Reise nach Verona unternimmt.

1348 Die Pest wütet in Europa. Es sterben eine Reihe von Freunden Petrarcas: Giovanni Colonna, Sennuccio del Bene und Franceschino degli Albizzi. In Parma erfährt Petrarca, daß am 6. April des Jahres, am gleichen Tag zur gleichen Stunde, da er sie zum erstenmal gesehen hatte, Laura in Avignon gestorben ist.

1349 Petrarca erhält ein Kanonikat in Padua, wohin er sich in diesem Jahr begeben hat. Er schließt dort mit dem Bischof Ildebrando Conti Freundschaft und wird mit den Signori der Stadt, den Carrara, bekannt.

1350 Petrarca reist durch Norditalien. Er ist in Ferrara, Carpi, Mantua, Verona. Aus Anlaß des Heiligen Jahres reist er nach Rom. In Florenz lernt er Giovanni Boccaccio und eine Reihe weiterer Gelehrter kennen, unter ihnen Zanobi da Strada, Francesco Nelli und Lapo da Castiglionchio. Auf der Rückreise von Rom kommt er durch Arezzo, wo er, der bedeutende Sohn der Stadt, geehrt wird. Danach kehrt er über Parma nach Padua zurück.

1351 Petrarca ist in Padua Gast von Francesco da Carrara, dessen Vater Jacopo ermordet worden ist. Boccaccio besucht Petrarca in Padua. Im Namen der Republik Florenz bietet er ihm die Rückgabe der Güter an, die die Stadt von Petrarcas Vater konfisziert hatte. Außerdem wird ihm das Rektorat des «Studio», der Universität von Florenz, angeboten. Petrarca bittet sich Bedenkzeit aus und lehnt die Angebote schließlich ab. Er kehrt zum letztenmal nach Avignon und Vaucluse zurück. Papst Clemens VI. versucht, Petrarca dazu zu überreden, eine Stelle als apostolischer Sekretär zu übernehmen – vergeblich. Mit einem Arzt im päpstlichen Umkreis liefert sich Petrarca eine heftige Auseinandersetzung, aus der die vier Bücher der *Invective contra medicum* hervorgehen.

1352 Petrarca zieht sich noch einmal nach Vaucluse zurück. Er schreibt dort den größten Teil seiner *Epistole sine nomine*, in denen er die Kurie in Avignon heftig kritisiert. Er arbeitet ferner an seinen volkssprachlichen Gedichten, an seinen Briefsammlungen in Prosa und in Versform, an den *Trionfi* und der Vitensammlung *De viris illustribus*.

1353 Im April besucht Petrarca seinen Bruder Gherardo im Kloster. Er ist willens, die Provence für immer zu verlassen. Im Monat darauf reist er nach Italien, zunächst noch unentschlossen, wo er sich niederlassen soll. Seine Wahl fällt schließlich auf Mailand; dort ist er Gast der Visconti. Für sie führt er zum Teil Sekretärsaufgaben aus, indem er sich um die wichtigste offizielle Korrespondenz kümmert und verschiedene Gesandtschaften übernimmt. Vor allem von seinen Florentiner Freunden handelt er sich dadurch heftige Kritik ein, denn die Visconti sind Gewaltherrscher.

1354 Petrarca übernimmt eine Gesandtschaft nach Venedig, wo er neben dem Kanzler Benintendi Ravagnani verschiedene Gelehrte kennenlernt. In Mantua trifft er Kaiser Karl IV., mit dessen Kanzler Johann von Neumarkt er Freundschaft schließt.

1356 Er unternimmt im Frühjahr im Auftrag der Visconti eine Reise nach Prag zu Karl IV. Er beginnt sein Werk *De remediis utriusque fortunae*.

1358 Für seinen Freund Giovanni Mandelli, der eine Pilgerfahrt ins Heilige Land unternimmt, schreibt er das *Itinerarium*.

1359 Besuch Boccaccios in Mailand.

1361 Anfang des Jahres ist Petrarca in Paris, um König Johann II. die Glückwünsche der Visconti anläßlich seiner Befreiung aus englischer Gefangenschaft zu überbringen. Im März kehrt er nach Mailand zurück, das er im Juni unter anderem wegen der Pest verläßt. Er geht nach Padua. Sein Sohn Giovanni stirbt in Mailand an der Pest. Seine Tochter Francesca heiratet Francescuolo da Brossano.

1362 Petrarca läßt sich in Venedig nieder, wo er bis 1368 hauptsächlich wohnen wird. Er pflegt weiterhin mit den Visconti in Mailand und den Carrara in Padua gute Beziehungen. Die Stadt Venedig schenkt ihm ein Haus an der Riva degli Schiavoni. Petrarca seinerseits vermacht dafür der Stadt vertraglich seine wertvolle Bibliothek, die den Grundstock einer öffentlichen Bibliothek bilden soll. Dazu kommt es jedoch nicht. Petrarcas Freund Azzo da Correggio stirbt. Petrarca wird Großvater; seine Enkelin wird nach der Urgroßmutter Eletta genannt.

1363 Giovanni Boccaccio besucht Petrarca in Venedig von Mai bis August. Petrarcas Freunde Lelio und Francesco Nelli sterben.

1364 Petrarca arbeitet an seinem *Bucolicum carmen*. Er reist nach Bologna und ins Casentino. Er schließt die Briefsammlung der *Familiares* ab.

1366 Petrarca unternimmt Reisen nach Pavia und Mailand. Seine Tochter Francesca kommt mit ihrer Familie nach Venedig. Er beginnt mit der Reinschrift der *Rerum vulgarium fragmenta*, die heute in der Vatikanischen Bibliothek aufbewahrt wird (Vat.lat.3195). Er zieht dazu Giovanni Malpaghini heran, der schon die *Familiares* kopiert hatte.

1368 Petrarca siedelt nach Padua über. Er erhält zum Geschenk von Francesco da Carrara das Grundstück für ein Haus in Arquà in den Euganeischen Hügeln in der Nähe von Padua. In Padua schreibt er seinen polemischen Traktat *De sui ipsius et multorum ignorantia*. Ferner arbeitet er an seiner Vitensammlung *De viris illustribus*. Er reist nach Udine, um dort Karl IV. zu treffen. Er vermittelt zwischen Karl IV. und den Visconti. In Padua besucht ihn Boccaccio; es ist das letzte Zusammentreffen der beiden Freunde.

1370 Petrarca läßt sich endgültig in Arquà nieder. Er will eine Reise nach Rom unternehmen, wo Papst Urban V. Einzug gehalten hat, der im Begriff steht, die Kurie dorthin zurückzuverlegen (wozu es jedoch nicht kommt: der Papst kehrt im September nach Avignon zurück). Petrarca muß schon in Ferrara wieder umkehren, da er für die Reise zu schwach ist.

1371 Francesca und ihre Familie ziehen zu Petrarca nach Arquà.

1372 Petrarcas Freund Philippe de Cabassoles stirbt.

1373 In Arquà arbeitet er weiter an seiner Vitensammlung *De viris illustribus*. Er übersetzt und überarbeitet die Boccaccio-Novelle «Griselda».

1374 Petrarca arbeitet an der endgültigen Fassung seiner *Rerum vulgarium fragmenta*. Er schreibt den *Triumphus eternitatis*. Petrarca stirbt in der Nacht vom 18. auf den 19. Juli. Er wird in Arquà, heute Arquà Petrarca, beerdigt.

Zeugnisse

Heinrich Bebel (1472–1518)
Ich meine, daß vor allem denen ausführlich Lob auszusprechen ist, die darangegangen sind, die lateinische Sprache zu erneuern, die schon fast tausend Jahre zugrundegerichtet und von dem Wirrwarr der Goten verunreinigt worden war. [...] Ich glaube [...], daß es zuerst Francesco Petrarca und sein Schüler Giovanni Boccaccio waren, die diese so heilige und so göttliche Aufgabe in Angriff genommen haben, wobei sie aber noch einen ein bißchen härteren sprachlichen Ausdruck hatten und auch nicht immer reines Latein gepflegt haben. Sie sind nicht bis dahin gekommen, wo sie anzulangen wünschten; sie griffen nämlich ihren Feind, die Barbarei der Goten, der Vandalen, der Hunnen und Langobarden an, drangen mit Schwerten auf sie ein, aber konnten sie nicht vertreiben oder auslöschen.

Opusculum de institutione puerorum. Item Opusculum qui auctores legendi sint ad comparationem eloquentiae. Straßburg 1513, fol. B. ij a/b

Voltaire (1694–1778)
Nach Dante hat Petrarca in die italienische Sprache noch mehr Reinheit gebracht, mit all der Süße, die in ihr auszudrücken möglich war. Man findet in diesen beiden Dichtern – und vor allem bei Petrarca – zahlreiche Züge, die den schönen Werken der Alten gleichen, die zugleich die Stärke der Antike und die Frische der Moderne aufweisen.

Œuvres complètes. Paris 1877–1885. Bd. XII, S. 59

Edmund Gibbon (1737–1813)
In der Harmonie seiner toskanischen Reime akklamiert – oder vielmehr: bewundert Italien den Vater seiner lyrischen Dichtung. [...] Dennoch darf ich wohl hoffen oder annehmen, daß die Italienier die ermüdende Gleichförmigkeit der Sonette und Elegien nicht mit den erhabenen Kompositionen ihrer epischen Muse vergleichen: mit der ursprünglichen Wildheit eines Dante, den wohlgeordneten Schönheiten eines Tasso und der unbändigen Vielfalt des unvergleichlichen Ariost. [...] Seine philosophischen, dichterischen und rhetorischen Werke in lateinischer Sprache haben sein Ansehen begründet.

The History of the Decline and Fall of the Roman Empire. Bd. VI.2.
London 1788, S. 567

Christoph Martin Wieland (1733–1813)

Er ist der erste in dessen Gedichten und prosaischen Werken sich wieder die Eleganz und der «bon sens» der Alten zeiget, wovon man so lange keinen Begriff mehr gehabt hatte. Er ist als der vollkommenste Reformator der Philosophie anzusehen, welche er [...] in ihre alte Würde wieder einsetzte, nachdem sie lange genug eine unverständliche Terminologie und unnütze Disputierkunst gewesen war. Sein aufgeklärter philosophischer Geist gab ihm auch in Absicht der Theologie und Religion bessere Einsichten, als seine Zeitgenossen hatten, und er ist auch in dieser Absicht als ein Vorgänger der Glaubensverbesserer anzusehen. [...] Sein Beispiel reizte viele, ihn nachzuahmen, und so wurde er der erste Urheber der großen Veränderung, die unter dem Namen der Reformation der Wissenschaften und Künste aller Welt bekannt ist.

Geschichte der Gelehrtheit [1757]. In: Gesammelte Schriften.
I. Abt., IV. Bd., Berlin 1916, S. 282

Wilhelm Heinse (1746–1803)

Petrarca hat mit einem Geächz und Gejammer schier unsre ganze Poesie zu Grunde gerichtet. Die Thoren seufzen ihm Jahrhunderte lang nach, und mancher besang bei einer feilen Dirne die Grausamkeit der berühmten Provenzalin in unerträglichem Einerley, anstatt die verschiedenen Reize der Erden töchter, in ihrer Mannigfaltigkeit, wie die heiteren Griechen aufzuempfinden.

Ardinghello. In: Sämtliche Werke. Bd. IV. Leipzig 1904, S. 64

Johann Gottfried Herder (1744–1803)

Endlich ist das Ideal von Liebe, das Petrarca mit sich trug und in seinen Gedichten mit unglaublicher Kunst und Sorgfalt ausbildete, gewiß die kleinfügige Idee nicht, die man gewöhnlich sich an ihm denket. Laura möge in Person oder zum leibhaftigen Petrarca gewesen sein, wer sie wolle; dem geistigen Petrarca war sie eine Idee, an die er auf Erden und im Himmel, wie an das Bild einer Madonna, allen Reichtum seiner Phantasie, seines Herzens, seiner Erfahrungen, endlich auch alle Schönheiten der Provenzalen vor ihm, dergestalt verwandte, daß er sie in seiner Sprache zum höchsten, ewigen Bilde aller sittlichen Weiberschönheit zu machen strebte. Auf griechische Weise konnte dies nicht geschehen; eine nackte Grazie oder eine Venus Urania konnte und wollte er nicht malen; er wählte also Züge, die in seinem Zeitgeist, in der provenzalischen Poesie, in den Begriffen seiner Religion und ihren Darstellungen als Stoff eines reinen weiblichen Ideals sittlicher Humanität zerstreuet dalagen, und bildete seine Madonna daraus, die irdische und himmlische Laura. [...] Jeder Liebhaber kann und soll seine Laura in Petrarca's Gedichten finden; er soll sein Herz mit allen Schwachheiten auch darin finden und die Läuterung wahrnehmen, die ein reiner weiblicher Charakter im Gemüt sowohl des Jünglinges als des Mannes bewirken soll und kann. Hiezu steht Laura da; und ich wüßte nicht, ob es einen schönern Zweck der Poesie der Liebe gebe? wenn einmal diese Gattung Poesie da sein soll.

Briefe zur Beförderung der Humanität. Fünfte Sammlung. 55. Brief.
Werke, Band 7. Frankfurt a. M. 1991, S. 289f.

Georg Wilhelm Friedrich Hegel (1770–1831)

In Petrarka's Sonetten, Sestinen, Kanzonen ist es nicht der wirkliche Besitz ihres Gegenstandes, nach welchem die Sehnsucht des Herzens ringt, es ist keine Betrachtung und Empfindung, der es um den wirklichen Inhalt und die Sache selbst zu thun ist, und die sich darin aus Bedürfniß ausspricht; sondern das Aussprechen selbst macht die Befriedigung; es ist der Selbstgenuß der Liebe, die in ihrer Trauer, ihren Klagen, Schilderungen, Erinnerungen und Einfällen ihre Glückseligkeit sucht; eine Sehnsucht, die sich als Sehnsucht befriedigt, und mit dem Bilde, dem Geiste derer, die sie liebt, schon im vollen Besitze der Seele ist, mit der sie sich zu einigen sehnt.

Vorlesungen über die Aesthetik. In: Sämtliche Werke. Jubiläumsausgabe in zwanzig Bänden. Vierzehnter Band. Stuttgart 1928, S. 107

Arthur Schopenhauer (1788–1860)

Mir geht allen andern italiänischen Dichtern mein vielgeliebter Petrarka vor. An Tiefe und Innigkeit des Gefühls und dem unmittelbaren Ausdruck desselben, der gerade zum Herzen geht, hat kein Dichter der Welt ihn je übertroffen. Daher sind seine Sonette, Triumphe und Kanzonen mir ungleich lieber, als die phantastischen Possen des Ariosto und die gräßlichen Fratzen des Dante. Auch spricht der natürliche, gerade aus dem Herzen kommende Fluß seiner Rede mich ganz anders an, als die studirte, ja, affektirte Wortkargheit des Dante. Er ist stets der Dichter meines Herzens gewesen und wird es bleiben. Daß die allervortrefflichste «Jetztzeit» sich unterfängt, vom Petrarka geringschätzend zu reden, bestärkt mich in meinem Urtheil. Zum überflüssigen Belege desselben kann man auch noch den Dante und den Petrarka gleichsam im Hauskleide, d. h. in der Prosa, vergleichen, indem man die schönen, gedanken- und wahrheitsreichen Bücher des Petrarka de vita solitaria, de contemptu mundi, consolatio utriusque fortunae etc., nebst seinen Briefen, mit der unfruchtbaren und langweiligen Scholastik des Dante zusammenhält.

Parerga und Paralipomena. Zweiter Band. Zur Metaphysik des Schönen und Aesthetik. In: Sämtliche Werke. Bd. VI., Wiesbaden 1947, S. 472

Johan Huizinga (1872–1945)

Sind wir übrigens nicht in der Regel geneigt, Petrarca und Boccaccio zu ausschließlich von der modernen Seite zu sehen? Wir betrachten sie als die ersten Vertreter des neuen Geistes, und mit Recht. Aber es wäre unrichtig anzunehmen, daß sie, die ersten Humanisten, darum eigentlich nicht mehr ins vierzehnte Jahrhundert paßten. Sie stehen mit ihrem ganzen Werk, welch neuer Atem auch darin wehen mag, inmitten der Kultur ihrer Zeit. [...] Petrarca war für seine Zeitgenossen vor allem ein Erasmus avant la lettre, der vielseitige und geschmackvolle Verfasser von Abhandlungen über Moral und Leben, der große Briefschreiber, der Schwärmer für das Altertum [...]. Die Themen die er behandelte fügten sich noch vollkommen der mittelalterlichen Gedankenwelt ein: *De contemptu mundi, De otio religiosorum, De vita solitaria.*

Herbst des Mittelalters. Stuttgart 1975, S. 465 f.

Bibliographie

1. Bibliographische Hilfsmittel und Zeitschriften

Basile, Bruno: Rassegna Petrarchesca (1959–1973). In: Lettere Italiane 26 (1974), S. 198–230; Rassegna Petrarchesca (1974–1975). In: Lettere Italiane 27 (1975), S. 309–342; Rassegna Petrachesca (1975–1984). In: Lettere Italiane 37 (1985), S. 230–253

Calvi, Emilio: Bibliografia analitica petrarchesca 1877–1904. In continuazione a quella del Ferrazzi. Rom 1904

Ferrazzi, Giuseppe Jacopo: Bibliografia Petrarchesca. Bassano 1877 (ND Sala Bolognese 1979)

Fucilla, Joseph G.: Oltre un cinquantennio di scritti sul Petrarca: 1916–1973. Padua 1982

Petrarch. Catalogue of the Petrarch Collection in Cornell University Library. Millwood/New York 1974

Lectura Petrarce. Padua, Florenz 1982ff.

Studi Petrarcheschi. Bologna 1948–1961

Studi Petrarcheschi. Nuova Serie. Padua 1984ff.

Quaderni Petrarcheschi. Pisa 1983ff.

2. Werke

a) Gesamtausgaben und Auswahlausgaben (lateinisch u. italienisch)

Opera latina. Basel 1496 (Johann Amerbach)

Opere italiane. Ed. diretta da Marco Santagata. Vol I: Canzoniere. Edizione commentata a cura di Marco Santagata. Vol II: Trionfi e rime estravaganti. Codice degli Abbozzi. A cura di Vincio Pacca e Laura Paolino. Introduzione di Marco Santagata. Mailand 1996 (Mondadori)

Opere latine. A cura di Antonietta Bufano con la collaborazione di Basile Aracri e Clara Kraus Reggiani. Introduzione di Manlio Pastore Stocchi. 2 Bde. Turin 1975 (UTET), 2. Auflage 1977

Opera quae extant omnia. 3 Vol. Basel 1554 (Henricus Petri) (ND Ridgewood/NJ 1965, Gregg Press)

Poëmata minora quae extant omnia. A cura di D. Rossetti. Mailand 1831 und

1834 (Società Tipografica de' Classici Italiani) (Veröffentlicht nur Bde. II und III der Ausgabe)
Prose. A cura di G. Martellotti, P. G. Ricci, E. Carrara, E. Bianchi. Mailand, Neapel 1955 (Ricciardi)
Rime e Trionfi di Francesco Petrarca. A cura di Ferdinando Neri con una nota biografica e bibliografica di Enrico Carrara. Seconda edizione riveduta a cura Ettore Bonora. Turin 1963 (UTET)
Rime, Trionfi e poesie latine. A cura di Ferdinando Neri, Guido Martellotti, Enrico Bianchi, Natalino Sapegno. Mailand, Neapel 1951 (Ricciardi)
Scritti inediti. A cura di Attilio Hortis. Triest 1874 (Tipografia del Lloyd austro-ungarico)

b) Einzelausgaben / Einzelne Werke

L'Africa. A cura di Nicola Festa. Florenz 1926 (Sansoni) (Edizione Nazionale, I)
Il «Bucolico carmen» e i suoi commenti inediti. Edizione curata ed illustrata da Antonio Avena. Padua 1906 (Società Cooperativa Tipografica)
Il Bucolicum carmen di Francesco Petrarca. Introdotto, tradotto ed annotato di Tonino T. Mattucci. Pisa 1971 (Giardini)
Il Bucolicum Carmen di F. Petrarca. Edizione diplomatica dell'autografo Vat.Lat.3358. A cura di Domenico De Venuto. Pisa 1990 (ETS Editrice)
Il Canzoniere di Francesco Petrarca riprodotto letteralmente dal Cod. Vat. Lat.3195. A cura di E. Modigliani. Rom 1904
Collatio coram Domino Iohanne Francorum rege. In: Opere latine. A cura di Antonietta Bufano. Turin 1975 (UTET), Bd. II, S. 1286–1308
Collatio laureationis. In: Opere latine. A cura di Antonietta Bufano. Turin 1975 (UTET), Bd. II, S. 1256–1282
Epistolae Variae. In: Francisci Petrarcae Epistolae de rebus familiaribus et Variae. A cura di G. Fracassetti. Florenz 1863, Bd. III
Epystole [metrice]. In: Opera quae extant omnia. Vol III. Basel 1554, S. 1330–1372 (Petri)
Le Familiari. A cura di Vittorio Rossi e Umberto Bosco. 4 Bde. Florenz 1933–1942 (Sansoni) (Edizione Nazionale, X–XIII)
De insigni obedientia et fide uxoria (Seniles XVII.3): In: Giovanni Boccaccio, Francesco Petrarca: Griselda. A cura di Luca Carlo Rossi. Palermo 1991, S. 29–63 (Sellerio)
Invectiva contra eum qui maledixit Italie. In: Opere latine. A cura di Antonietta Bufano. Turin 1975 (UTET), Bd. II, S. 1154–1252
Invective contra medicum. In: Opere latine. A cura di Antonietta Bufano. Turin 1975 (UTET), Bd. II, S. 818–980
Invective contra medicum. Testo latino e volgarizzamento di Ser Domenico Silvestri. Edizione critica di Pier Giorgio Ricci. Appendice di aggiornamento a cura di Bortolo Martinelli. Rom 1978 (Storia e Letteratura)
Invectiva contra quendam magni status hominem sed nullius scientie aut virtutis. In: Opere latine. A cura di Antonietta Bufano. Turin 1975 (UTET), Bd. II, S. 984–1022

Itinerarium breve de Ianua usque ad Ierusalem et Terram Sanctam. In: G. Lambroso: Memorie italiane del buon tempo antico. Turin 1889, S. 25–49
Itinerarium de Janua usque ad Hierusalem et Alexandriam. In: Viaggio in Terrasanta. Volgarizzamento inedito del Quattrocento. A cura di Antonio Altamura. Neapel 1979, S. 57–84 (Società Editrice Napoletana)
Lettere disperse. Varie e miscellanee. A cura di Alessandro Panchieri. Parma 1994 (Ugo Guanda Editore)
De otio religioso. In: Opere latine. A cura di Antonietta Bufano. Turin 1975 (UTET), Bd. I, S. 568–808
De otio religioso di Francesco Petrarca. A cura di Giuseppe Rotondi. Città del Vaticano 1958 (Biblioteca Apostolica Vaticana)
Posteritate / Lettera ai posteri. A cura di Gianni Villani. Rom 1990 (Salerno Editrice)
De remediis utriusque fortune. In: Opera que extant omnia. Vol II. Basel 1554, S. 1–254 (Petri)
Rerum memorandarum libri. A cura di Giuseppe Billanovich. Florenz 1945 (Sansoni) (Edizione Nazionale, V)
Rerum senilium libri. In: Opera quae extant omnia. Vol II. Basel 1554, S. 813–1070 (Petri)
Rerum vulgarium fragmenta. Rom 1904 (Società Filologica Romana)
Rerum vulgarium fragmenta / Canzoniere. A cura di Gianfranco Contini. Turin 1964
Rime disperse di Francesco Petrarca o a lui attribuite. A cura di Angelo Solerti. Florenz 1909 (Sansoni)
Secretum. Introduzione, traduzione e note di Ugo Dotti. Rom 1993 (Archivio Guido Izzi)
Secretum / Il mio segreto. A cura di Enrico Fenzi. Mailand 1992 (Mursia)
Sine nomine. Lettere polemiche e politiche. A cura di Ugo Dotti. Rom, Bari 1974
Liber sine nomine. Text, Lesarten und erklärende Anmerkungen. In: Paul Piur: Petrarcas «Buch ohne Namen» und die päpstliche Kurie. Ein Beitrag zur Geistesgeschichte der Frührenaissance. Halle/Saale 1925, S. 161–407 (Max Niemeyer)
De sui ipsius et multorum ignorantia. In: Opere latine. A cura di Antonietta Bufano. Turin 1975 (UTET), Bd. II., S. 1026–1150
Testamentum. In: Opere latine. A cura di Antonietta Bufano. Turin 1975 (UTET), Bd. II, S. 1342–1356
Trionfi. In: Rime, Trionfi e poesie latine. A cura di Ferdinando Neri, Guido Martellotti, Enrico Bianchi, Natalino Sapegno. Mailand, Neapel 1951, S. 481–578 (Ricciardi)
Trionfi. Introduzione e note di Guido Bezzola. Mailand 1984 (Rizzoli)
De viris illustribus. Edizione critica per cura di Guido Martellotti. Florenz 1964 (Sansoni) (Edizione Nazionale, II)
La vita di Scipione L'Africano. A cura di Guido Martellotti. Mailand, Neapel 1954 (Ricciardi)
De vita solitaria. In: Opere latine. A cura di Antonietta Bufano. Turin 1975 (UTET), Bd. I, S. 262–564

De vita solitaria. A cura di Marco Noce. Introduzione di Girogio Ficara. Mailand 1992 (Mondadori) (lat.-ital. Ausgabe)

De vita solitaria. Buch I. Kritische Textausgabe und ideengeschichtlicher Kommentar von K. A. E. Enenkel. Leiden u. a. 1990 (E. J. Brill)

c) Deutsche Übersetzungen und zweisprachige Ausgaben

Von der Artzney bayder Glück, des guten und widerwertigen. Unnd weß sich ain yeder inn Gelück und unglück halten sol. Auß dem Lateinischen in das Teütsch gezogen. Mit künstlichen fyguren durchauß ganz lustig und schoen gezyeret. Augsburg 1532 (Heynrich Steyner) (ND Herausgegeben und kommentiert von Manfred Lemmer. Hamburg 1984, Friedrich Wittig Verlag)

Die Besteigung des Mont Ventoux. Lateinisch/deutsch. Übersetzt und herausgegeben von Kurt Steinmann. Stuttgart 1995 (Reclam)

Die Besteigung des Mont Ventoux. Mit farbigen Fotografien von Constantin Beyer. Frankfurt a. M. 1996, ²1997 (Insel Verlag)

Brief an die Nachwelt. Gespräche über die Weltverachtung. Von seiner und vieler Leute Unwissenheit. Übersetzt und eingeleitet von Hermann Hefele. Jena 1910 (Eugen Diederichs)

Das Bucolicum Carmen des Petrarca. Ein Beitrag zur Wirkungsgeschichte von Vergils Eclogen. Einführung, lateinischer Text, Übersetzung und Kommentar zu den Gedichten 1–5, 8 und 11. Von Margith Berghoff-Bührer. Bern u. a. 1991 (Peter Lang)

Canzoniere. Zweisprachige Gesamtausgabe. Mit 5 Bildtafeln. Nach einer Interlinearübersetzung von Gerlinde Gabor, in deutsche Verse gebracht von Ernst-Jürgen Dreyer. Mit Anmerkungen zu den Gedichten von Gerlinde Gabor und einem Nachwort von Gerlinde Gabor und Ernst-Jürgen Dreyer. Basel, Frankfurt a. M. 1989 (Stroemfeld/Roter Stern), 2., verbesserte Auflage 1990, Taschenbuchausgabe: München 1993 (dtv)

Canzoniere. Auswahl. Italienisch/deutsch. Vorwort und herausgegeben von Gerhard Regn. Mainz 1988 (Dietrich'sche Verlagsbuchhandlung)

Dichtungen, Briefe, Schriften. Auswahl und Einleitung von Hanns Wilhelm Eppelsheimer. Frankfurt a. M. 1980 (Insel)

Heilmittel gegen Glück und Unglück. De remediis utriusque fortunae. Lateinisch-deutsche Ausgabe in Auswahl übersetzt und kommentiert von Rudolf Schottlaender. Herausgegeben von Eckard Keßler. Mit den zugehörigen Abbildungen aus der deutschen Ausgabe Augsburg 1532. München 1988 (Fink)

Rerum Senilium liber XIV.1. Der Fürstenspiegel. Edition, Übersetzung, Studien von Michael Wien. Berlin 1992, Diss.

Sonette an Madonna Laura. Italienisch/deutsch. Nachdichtung von Leo Graf Lanckoronski. Nachwort von Maria Gräfin Lanckoronska. Stuttgart 1993 (Reclam) (Auswahlausgabe)

De sui ipsius et multorum ignorantia. Über seine und vieler anderer Unwissenheit. Lateinisch–deutsch. Übersetzt von Klaus Kubusch. Herausgegeben und eingeleitet von August Buck. Hamburg 1993 (Meiner)

3. Sekundärliteratur

a) Gesamtdarstellungen / Biographien

Amaturo, Raffaele: Petrarca. Bari 1971

Asor Rosa, Alberto: Petrarca e la cultura del Trecento. Florenz 1978

Billanovich, Giuseppe: Petrarca letterato. Rom 1947

Bishop, Morris: Petrarch and His World. Bloomington 1963

Boccaccio, Giovanni: De vita et moribus Domini Francisci Petrarcchi de Florentia. In: Tutte le opere. Mailand 1992, Vol V, S. 898–911

Bosco, Umberto: Francesco Petrarca. Bari 1959

Bruni, Leonardo: Le vite di Dante e del Petrarca. Hg. A. Lanza. Rom 1987

Dotti, Ugo: Vita di Petrarca. Bari 1992

Eppelsheimer, Hanns Wilhelm: Petrarca. Bonn 1926 (12. Auflage Frankfurt a. M. 1971)

Fedi, Roberto: Francesco Petrarca. Florenz 1975

Foresti, Arnaldo: Aneddoti della vita di Francesco Petrarca. Brescia 1928 (ND a cura di A. Tissoni Benvenuti. Con una introduzione di Giuseppe Billanovich. Padua 1977)

Foster, Kenelm: Petrarch. Poet and Humanist. Edinburgh 1984

Hoffmeister, Gerhart: Petrarca. Stuttgart 1997

Holloway, H. C., Callthrop, P.: Petrarch. His Life and Times. New York 1972

Koerting, Gustav: Petrarca's Leben und Werke. Leipzig 1878 (Geschichte der Literatur Italiens in der Renaissance. Erster Band)

Mann, Nicholas: Petrarch. Oxford, New York 1984

Quaglio, Antonio Enzo: Francesco Petrarca. Mailand 1967

Sade, Jacques François Paul Aldance de: Mémoires pour la vie de François Pétrarque, tirées de ses œuvres et des auteurs contemporains, avec des notes ou dissertations et les pièces justificatives. 3 Vol. Amsterdam 1764–1767

Sozzi, Bartolo Tommaso: Petrarca. Palermo 1963

Tonelli, Luigi: Petrarca. Mailand 1930

Tomasini, Iacobo: Petrarca redivivus. Padua 1635

Tripet, Arnaud: Petrarque ou la conaissance de soi. Genf 1967

Vellutello, Alessandro: Il Petrarcha. Venedig 1525

Wilkins, Ernest Hatch: Petrarch's Eight Years in Milan. Cambridge/Mass. 1958

–: Petrarch's Later Years. Cambridge/Mass. 1959

b) Sammelbände

Billanovich, Giuseppe, Frasso, Giuseppe (Hg.): Il Petrarca ad Arquà. Atti del Convegno di Studi nel VI Centenario (1370–1374). Arquà Petrarca, 6–8 Nov. 1970. Padua 1975

Bloom, Harold (Hg.): Petrarch. Modern Critical Views. New York 1989

Buck, August (Hg.): Petrarca. Darmstadt 1976

Burdach, Konrad (Hg.): Aus Petrarcas ältestem deutschen Schülerkreis. Texte und Untersuchungen. Berlin 1929

Convegno internazionale Francesco Petrarca. Atti dei convegni lincei. Rom 1976
Francesco Petrarca e la Lombardia. Mailand 1904
Padoan, G. (Hg.): Petrarca, Venezia e il Veneto. Florenz 1976
Rüdiger, Horst, Hirdt, Willi: Studien über Petrarca, Boccaccio und Ariost in der deutschen Literatur. Heidelberg 1976
Scaglione, Aldo: Francis Petrarch Six Centuries Later. A Symposium. Chicago 1975
Schalk, Fritz (Hg.): Petrarca 1304–1374. Beiträge zu Werk und Wirkung. Frankfurt a. M. 1975

c) Untersuchungen

Antonelli, Roberto: Rerum vulgarium fragmenta di Francesco Petrarca. In: A cura di Alberto Asor Rosa. Le Opere. Turin 1992, Volume primo: Dalle Origini al Cinquecento. S. 379–471
Baron, Hans: Petrarch's «Secretum». Its Making and its Meaning. Cambridge/Mass. 1985
–: From Petrarch to Leonardo Bruni. Chicago 1968
Belloni, Gino: Laura tra Petrarca a Bembo. Padua 1992
Bergdolt, Klaus: Arzt, Krankheit und Therapie bei Petrarca. Die Kritik an Medizin und Naturwissenschaft im italienischen Frühhumanismus. Weinheim 1992
Billanovich, Giuseppe: Un ignoto fratello del Petrarca. In: Italia medioevale e umanistica 1982, S. 375–380
–: La tradizione del testo di Livio e l'origine dell'umanesimo. 2 Bde. Padua 1981
Bologna, Corrado: Tradizione testuale e fortuna dei classici italiani. In: Letteratura italiana. A cura di Alberto Asor Rosa. Turin 1986, Vol. VI, S. 445–928
Branca, Vittorio: Temi e stilemi fra Petrarca e Boccaccio. In: Studi sul Boccaccio VIII (1974), S. 215–249
Burckhardt, Jacob: Die Kultur der Renaissance in Italien. Ein Versuch. Basel 1860. 11. Auflage, Stuttgart 1988
Burdach, Karl: Reformation, Renaissance, Humanismus. Halle/Saale 1918
Calcaterra, Carlo: Nella selva del Petrarca. Bologna 1942
Chiappelli, Fredi: Studi sul linguaggio del Petrarca. Florenz 1971
Croce, Benedetto: Poesia popolare e poesia d'arte. Bari 1933
Courcelle, Pierre: Les Confessions de Saint Augustin dans la tradition littéraire. Paris 1963
D'Arco, Silvio Avalle: Ai luoghi di delizia pieni. Saggio sulla lirica italiana del XIII secolo. Mailand, Neapel 1977
De Sanctis, Francesco: Saggio critico sul Petrarca. Neapel 1869 (Kritische Ausgabe: Bari 1954)
Di Stefano, Giuseppe: Dionigi da Borgo S. Sepolcro, amico del Petrarca e maestro del Boccaccio. In: Atti dell'Accademia delle Scienze di Torino. Classe di Scienze morali. XCVI (1961–1962), S. 273–314

Dotti, Ugo: Petrarca e la scoperta della coscienza moderna. Mailand 1978
Elwert, Wilhelm Theodor: Die italienische Literatur des Mittelalters. Dante, Petrarca, Boccaccio. München 1980
Eppelsheimer, Hanns Wilhelm: Petrarca. Frankfurt a. M. 1934, 2. Auflage Frankfurt a. M. 1971
Feo, Michele: Fili petrarcheschi. In: Rinascimento XIX (1979), S. 3–89
–: Inquietudini filologiche del Petrarca: il luogo della discesa agli inferi (Storia di una citazione). In: Italia medioevale e umanistica XVII (1974), S. 115–183
Fera, Vincenzo: Antichi editori e lettori dell' «Africa». Messina 1984
Föcking, Marc: Rime Sacre und die Genese des Barocken Stils. Untersuchungen zur Stilgeschichte geistlicher Lyrik in Italien 1563–1614. Stuttgart 1994
Foerster, R.: Liebe, Poesie, Emanzipation. Petrarca und die Dichterinnen der italienischen Renaissance. Frankfurt a. M. 1985, Diss.
Foscolo, Ugo: Essays on Petrarch. London 1823
Friedrich, Hugo: Epochen der italienischen Lyrik. Frankfurt a. M. 1964
Fubini, Mario: Studi sulla letteratura del Rinascimento. Florenz 1947
Gerosa, Pietro Paolo: Umanesimo cristiano del Petrarca. Influenza agostiniana, attinenze medievali. Turin 1966
Guglielminetti, Marziano: Memoria e scrittura. L'autobiografia da Dante a Cellini. Turin 1977
– (Hg.): Petrarca e il Petrarchismo. Un'ideologia della letteratura. Turin 1977
Handschin, Werner: Francesco Petrarca als Gestalt der Historiographie. Seine Beurteilung in der Geschichtsschreibung vom Frühhumanismus bis zu Jacob Burckhardt. Basel 1964
Heitmann, Klaus: Fortuna und Virtus. Eine Studie zu Petrarcas Lebensweisheit. Köln, Graz 1958
Hempfer, Klaus W.: Probleme der Bestimmung des Petrarkismus. Überlegungen zum Forschungsstand. In: W.-D. Stempel, K. Stierle (Hg.): Die Pluralität der Welten. Aspekte der Renaissance in der Romania. München 1987, S. 253–277
Hoffmeister, Gerhart: Petrarkistische Lyrik. Stuttgart 1973
Günther, Horst: Petrarcas Erfindung des Mittelalters. In: Zeit der Geschichte. Welterfahrung und Zeitkategorien in der Geschichtsphilosophie. Frankfurt a. M. 1993, S. 69–106
Jones, Frederic J.: The Structure of Petrarch's Canzoniere. Cambridge 1977
Kablitz, Andreas: «Era il giorno ch'al sol si scoloraro per la pietà del suo factore i rai» – Zum Verhältnis von Sinnstruktur und poetischem Verfahren in Petrarcas «Canzoniere». In: Romanisches Jahrbuch 39 (1988), S. 45–72
Kapp, Volker (Hg.): Italienische Literaturgeschichte. Unter Mitarbeit von Hans Felten, Frank-Rutger Hausmann, Franca Janowski, Volker Kapp, Rainer Stillers, Heinz Thoma, Hermann Wetzel. Stuttgart, Weimar 1992
Kessler, Eckhard: Petrarca und die Geschichte. Geschichtsschreibung, Rhetorik, Philosophie im Übergang vom Mittelalter zur Neuzeit. München 1978
Loos, E.: Selbstanalyse und Selbsteinsicht bei Petrarca und Montaigne. Stuttgart 1988
Luciani, É.: Les Confessions de saint Augustin dans les lettres de Pétrarque. Paris 1982

Macek, Josef: Pétrarque et Cola di Rienzo. In: Historica XI (1965), S. 5–51
Martinelle, Bortolo: Petrarca e il Ventoso. Bergamo 1977
Martellotti, Guido: Scritti petrarcheschi. Padua 1983
Mollat, George: Les Papes d'Avignon. Paris 1964
Nolhac, Pierre de: Pétrarque et l'humanisme. 2 Vol. Paris 1907
Öncel, Süheylâ: L'innovazione umanistica del Petrarca. Padua 1971
Papponetti, Giuseppe: Lo scrittorio degli umanisti. Il Barbato da Sulmona fra Petrarca e Boccaccio. L'Aquila 1984
Perugi, Maurizio: Trovatori a Valchiusa. Un frammento della cultura provenzale del Petrarca. Padua 1985
Petrie, J.: Petrarch: The Augustan Poets, the Italian Tradition and the «Canzoniere». Dublin 1983
Piur, Paul: Cola di Rienzo. Darstellung seines Lebens und seines Geistes. Wien 1931
–: Petrarcas Briefwechsel mit deutschen Zeitgenossen. Berlin 1933
Quondam, Amedeo: Petrarchismo mediato. Rom 1974
Regn, Gerhard: Torquato Tassos zyklische Liebeslyrik und Petrarkistische Tradition. Studien zur Parte Prima der Rime (1591/92). Tübingen 1987
Rehberg, Andreas: Die Colonna. In: V. Reinhardt (Hg.): Die großen Familien Italiens. Stuttgart 1992, S. 171–188
Rehberg, Andreas: Kirche und Macht im römischen Trecento. Die Colonna und ihre Klientel auf dem kurialen Pfründenmarkt (1278–1378). Tübingen 1998
Rico, Francisco: Secretum meum di Francesco Petrarca. In: Letteratura italiana. A cura di Alberto Asor Rosa. Le Opere. Turin 1992, Volume primo: Dalle Origini al Cinquecento, S. 351–378
Rico, Francisco: Vida y obra de Petrarca. Chapel Hill 1975
Ritter, Joachim: Landschaft. Zur Funktion des Ästhetischen in der modernen Gesellschaft. In: Subjektivität. Sechs Aufsätze. Frankfurt a. M. 1989, S. 141–163
Roubaud, Jacques: Die Numerologische Anordnung der Rerum vulgarium fragmenta vorausgeschickt Lebens-Entwurf des Francesco Petrarca. Berlin 1997
Santagata, Marco: I frammenti dell'anima. Storia e racconto nel Canzoniere di Petrarca. Bologna 1992
–: Per moderne carte. La biblioteca volgare di Petrarca. Bologna 1990
Seibt, Gustav: Anonimo Romano. Geschichtsschreibung in Rom an der Schwelle zur Renaissance. Stuttgart 1992
Shepard Phelps, Ruth: The Earlier and Later Forms of Petrarch's Canzoniere. Chicago 1925
Stierle, Karlheinz: Petrarcas Landschaften. Zur Geschichte ästhetischer Landschaftserfahrung. Krefeld 1979
Suitner, Franco: Petrarca e la tradizione stilnovista. Florenz 1977
Tateo, Francesco: Dialogo interiore e polemica ideologica nel «Secretum» del Petrarca. Florenz 1965
Testa, Enrico: Il libro della poesia. Tipologie e analisi macrotestuali. Genua 1983

Trinkaus, Charles: The Poet as Philosopher. Petrarch and the Formation of Renaissance Consciousness. New Haven (Conn.), London 1979

Velli, Giuseppe: Petrarca e Boccaccio. Tradizione, memoria e scrittura. Padua 1979

Viti, P.: Ser Petrarcco, padre del Petrarca, notaio dell'età di Dante. In: Studi petrarcheschi 1985, S. 1–14

Voigt, Georg: Die Wiederbelebung des classischen Alterthums oder das erste Jahrhundert des Humanismus. Berlin 1859

Waller, Marguerite R.: Petrarch's Poetics and Literary History. Amherst/Mass. 1980

Walser, Ernst: Umanità e arte nel Rinascimento italiano. Florenz 1942

Weiss, Roberto: Il primo secolo dell'umanesimo. Studi e testi. Rom 1949

Whitfield, John Humphreys: Petrarca and the renascence. Oxford 1943

Wilkins, Ernest Hatch: Petrarch's Correspondence. Padua 1960

–: The Making of the «Canzoniere» and Other Petrarchan Studies. Rom 1951

–: Studies in the Life and Works of Petrarch. Cambridge/Mass. 1955

–: Studies on Petrarch and Boccaccio. Padua 1978

Namenregister

Die kursiv gesetzten Zahlen bezeichnen die Abbildungen

Über den Autor

Florian Neumann, geboren 1963, studierte zuerst Musikpädagogik, Kunstpädagogik und Italianistik, dann Mittlere und Neuere Geschichte, Italianistik und Philosophie. Nach seiner Promotion war er wissenschaftliche Hilfskraft am Institut für Mittelalterliche Geschichte / Bildungs- und Universitätsgeschichte der Universität München, später dort wissenschaftlicher Mitarbeiter. Seit Anfang 1996 hat er einen Lehrauftrag an diesem Institut.

Quellennachweis der Abbildungen

Archivi Alinari, Florenz: 2, 71, 72, 91; 78 und 134 mit Genehmigung des Ministero per i Beni Culturali e Ambientali, Florenz
Aus: Francesco Petrarca. Epistole Autografe. Hg. von Armando Petrucci. Padua 1968: 6
Archiv für Kunst und Geschichte, Berlin: 9, 27, 34, 45, 51, 54, 64, 67, 101, 111, 113, 115, 117, 120, 124, 132
Fotografie della Società Scala, Florenz: 13
Privatbesitz: 15, 39, 118, 119, 135
Aus: Cesare Marchi: Dante in Esilio. Mailand 1964: 16
Constantin Beyer, Weimar: 20, 80
Aus: Carlo Colitta: Il Palazzo dell' Archiginnasio e l'Antico Studio Bolognese. Bologna 1975: 23
Foto © Bibliothèque nationale de France, Paris: 37
Bayerische Staatsbibliothek, München: 46/47, 102/103, 121, 122
The Walters Art Gallery, Baltimore: 49
© Bildarchiv Preußischer Kulturbesitz, Berlin, 1998: 56, 130
Musée du Louvre, Paris: 58
Angelika Mugler, Grünwald: 65
Hessische Landes- und Hochschulbibliothek Darmstadt: 68
© Roger-Viollet, Paris: 83
Aus: Paul Piur: Cola di Rienzo. Darstellung seines Lebens und seines Geistes. Wien 1931: 89
Aus: Enciclopedia Italiana di scienze lettere ed arti. Bd. 5. Rom 1930: 95 (Archive photographique d'art et d'histoire)
Musei Vaticani, Archivio fotografico: 97
Aus: Francesco Petrarca: Die Triumphe auf das Leben und den Tod der Monna Laura. Wien 1935: 128